Alice Sturiale

Vom
Glücklichsein

Alice Sturiale

Alice Sturiale wurde am 18. November 1983 in Florenz geboren. Sie hat nur 12 Jahre gelebt: Am Morgen des 20. Februar 1996 ist sie plötzlich in ihrer Schulbank gestorben.

Eine angeborene Krankheit hinderte sie am Laufen, nicht jedoch daran, mit Intensität und Freude ihre Gefühle, das Spiel, die Schule, die Pfadfinder, die Musik, die ganz normalen Dinge zu erleben, die sie mit ihren so zahlreichen Freunden teilte.

Vom Rollstuhl aus „verschlang Alice den Himmel mit ihren großen blauen Augen"; obwohl unbeweglich, konnte sie fliegen und andere auf ihre Reise mitnehmen. Eine Erfahrung, die wir alle mit ihr machen können.

Alice Sturiale, ein Mädchen, das von seinen vier Rädern aus sagt: „Ich bin glücklich".

Alice Sturiale

Vom Glücklichsein

Das Tagebuch der Alice

Aus dem Italienischen
von Monika Zenkteler-Cagliesi

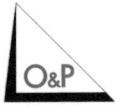

Die Deutsche Bibliothek - CIP-Einheitsaufnahme

Sturiale, Alice:
Vom Glücklichsein : das Tagebuch der Alice / Alice Sturiale.
Übers. aus dem Ital.: Monika Zenkteler-Cagliesi. - Ratingen :
O-und-P-Verl., 1997
    ISBN 3-9804493-3-5

Titel der italienischen Originalausgabe: *Il libro di Alice*
Erstveröffentlichung 1996: Edizioni Polistampa, Firenze
Italienische Originalausgabe 1997: Rizzoli, Milano
© 1997 by R.C.S. Libri & Grandi Opere S.p.A., Milano
Alle Urheberrechte: Assoziazione Alice, Firenze

2. Auflage
© der deutschsprachigen Ausgabe 1997
by Oberstebrink & Partner GmbH, Ratingen
Alle deutschen Rechte vorbehalten

Fotos und	
Illustrationen:	Zur Verfügung gestellt von
	Marta Bigozzi und Leonardo Sturiale, Firenze
Umschlagfoto:	The Stock Market, Düsseldorf
Gestaltung/Satz:	Oberstebrink & Partner GmbH
Herstellung:	MOHNDRUCK, Gütersloh
	Printed in Germany
Verlag:	Oberstebrink & Partner GmbH
	O&P-Verlag
	Ploenniesstr. 3, 40885 Ratingen-Lintorf
	Tel. 02102/771770-0, Fax 02102/17337
ISBN:	3-9804493-3-5

GRUSSWORT

Sie haben ein Buch in der Hand, das die Träume, Geschichten, Wünsche, Sorgen und Ängste, ganz einfach das kurze Leben eines kleinen Mädchens erzählt, dem wir auf dieser Welt nicht mehr begegnen können.

Alice ist von Geburt an krank; sie leidet an Spinaler Muskelatrophie. Die Krankheit schränkt ihre Bewegungsfreiheit ein, nicht aber die Freiheit ihres Geistes, ihren Lebensmut und ihre Lebensfreude.

Mit sechs Jahren fängt Alice an, das aufzuschreiben, was sie bewegt. Das rührt an und geht zu Herzen. Es sind Gedanken, Gedichte und Geschichten, die ihren Eltern und den Menschen, die sie kannten, Kraft gegeben haben, mit ihr glücklich zu sein, solange sie lebte.

Lassen Sie sich von Alice an die Hand nehmen und in ihre Gedankenwelt entführen – eine Welt der Hoffnung, der Freude und der Freundschaft.

Johannes Rau
Ministerpräsident des Landes Nordrhein-Westfalen und Schirmherr
der Deutschen Gesellschaft für Muskelkranke, Nordrhein-Westfalen

Juli 1997

ZU ALICES BUCH

Dieses Buch ist entstanden, weil es entstehen sollte (Alice weiß es – sie, die so stark ist, so sanft, so mitreißend). Es ist entstanden, wie Blumen entstehen, Kinder entstehen, Wolken entstehen: Weil sie entstehen sollen. Es ist entstanden zum Wohle vieler; um die Verbitterten milde zu stimmen und die Schwachen zu stärken; um alten Menschen Erleichterung zu bringen und Kinder kindlicher werden zu lassen: Um uns alle zusammen ein wenig geduldiger und weiser zu machen.

Alice sagt, daß man sich für nichts zu schämen braucht. Hüten wir uns, uns dafür zu schämen, daß wir lachen, daß wir weinen, daß wir leben, daß wir schreiben.

Alices Worte sind ein schöner Weg, sie sind ein Bad im Meer, sie sind „kleine Prinzen", sie sind Lachen und sind Juwelen. Werden wir nicht müde, diese Worte zu lesen, darauf zu wandern, darin einzutauchen, in ihrer Wahrheit, in ihren Wolken innezuhalten. Alices Wunderwerk ist ansteckend. Es ist wunderbar.

Wir alle sind ein Teil ihres Buches. Wir werden auf der Welt glücklicher sein können, sie besser ertragen können, sie glücklicher gestalten können. Das ist es, woran Alice glaubt, mit ihrer stolzen Seele, mit ihren Worten voller Anmut. Glauben wir mit ihr daran.

Mariella

Mariella Bettarini hat dieses Buch gemeinsam mit Alices Eltern, Marta Bigozzi und Leonardo Sturiale, zusammengetragen

INHALT

ERSTER TEIL

ZWEITER TEIL

DRITTER TEIL

VIERTER TEIL

ERSTER TEIL

DIE NATUR

WAHRE UND ERFUNDENE GESCHICHTEN

TIERE

ICH

GEFÜHLE

DIE NATUR

Ein Baum in zwei Jahreszeiten

Ein alter Baum befindet sich jetzt im Herbst.
Das Kind aus dem Haus nebenan sieht
mit den Augen seiner Phantasie,
daß die Blätter dieser Linde
unzählige Schmetterlinge in Herbstfarben sind,
gelb, rötlich, braun.
Nach einigen Monaten
fühlt es die milde Wärme der ersten Sonnenstrahlen
im Frühling.
Es kehrt an das Fenster zurück
und glaubt, die Blätter am Baum fliegen zu sehen,
und die neuen, kleinen, grünen Schmetterlinge halten
sich schon bereit.

(Herbst 1990, 2. Klasse)

Sonnenuntergang

An dem milden Himmel,
als am Abend die Sonne untergeht,
leuchtet über den Konturen
der Stadt im Schatten
ein rosa Streif,
ein Zeichen von Freude
kündigt uns langsam
das Ende eines alten Tages an.

(20. Februar 1991, 2. Klasse)

Herbstbild

Am blauen Himmel,
hier und da betupft
mit Herbstblättern,
entsteigt plötzlich
einem schneeweißen Bausch
ein Schwarm weißer Tauben.

(30. Oktober 1991, 3. Klasse)

Ein Baum im Winter

Fröhliche Goldspritzer
schweben gen Himmel.
Die fahle Sonne
streift mühevoll
den tristen kahlen Baum;
ein prachtvolles Gemälde
tut sich vor meinen Augen auf.

(28. Februar 1992, 3. Klasse)

Gottes Hand

Es ist Gott, der das Universum erschaffen hat.
Es ist Gott, der unsere Welt erschaffen hat.
Es ist Gott, der Mann und Frau gemacht hat.
Es ist Gott, der uns in schweren Momenten
unseres Lebens hilft.
Es ist Gott, der uns sagt: „Gehet hin in Frieden".
Es ist Gott, dem wir danken müssen
für die Liebe, die er uns gegeben hat,
die er uns gibt
und die er uns in der Ewigkeit geben wird.
Es ist Gottes Hand, die uns führt
auf dem Wege der Liebe.
Gott ist unser Herr.

(Juni 1992, zur Erstkommunion, 3. Klasse)

Abend

Weiche Stückchen weißer Federn
am weiten Himmel, der jetzt rosa,
entfernen sich behutsam,
begleiten die warme Sonne
hinter dunkle Berge.

(Juli 1992)

Herbst

Herbstkleid.
Schwermut
eines kindlichen Frühlings
in der frischen Brise.

Wind

Ungestümer Wind.
Ein Heulen dröhnt
im Widerhall der vereisten Höhlen.
Wehrlos der Kraft der Natur ausgeliefert.

Gewitter

Heftiges Klopfen auf dem nassen Asphalt.
In der Stille das Echo
des Windgeheuls.
Es dröhnt ein mächtiges Getöse.
Einsamkeit im Dunkel der Nacht.

(28. November 1992, 4. Klasse)

Auf dem Land

Sanft ist
die frische Brise,
die das Gesicht streichelt
wie die Hand
liebevoller Eltern.
Sanft ist
das Rauschen des Windes
über dem Land,
und verfinstert die ängstliche
und wunderbare Stille
der Einsamkeit.

(7. Oktober 1993, 5. Klasse)

Der Himmel über mir

Sie kreisen,
wie Millionen
weißer Sterne
im All.
Ich bin nicht mehr
auf dem Planeten Erde,
eine Minute lang
bin ich nicht mehr
ich selbst,
sondern bin
vielleicht nur
eine Vorstellung
unendlicher
Freiheit.
Es senkt sich
langsam
auf meinen Kopf
der Himmel... oder,
vielleicht,
bin ich die,
die hinaufsteigt
und eintaucht
ins All
der Phantasie.

(5. Februar 1994, 5. Klasse)

Ein Lied

ES GIBT SO VIELE DINGE,
DIE DU NICHT NACHAHMEN KANNST,
ES GIBT SO VIELE DINGE,
DIE DU ANSCHAUEN KANNST,
SO WIE SIE DICH ANSCHAUEN.

WENN DU DICH UMSCHAUST,
WIRD DIE SONNE DORT OBEN SCHEINEN,
SIE WIRD SCHEINEN, WENN DU FESTSTELLST,
DASS ES AUF DER WELT
EINE ANDERE LIEBENSWERTE WELT GIBT.

(Dezember 1989, 1. Klasse)

Schneefall

Als ich das Haus verließ, sah der Efeu wie ein weiß-grünes Muster aus: Es war eine wunderschöne Verzierung. Als ich ihn sah, stellte ich mir die ganze weiße Stadt vor. Auf dem Weg zur Schule sah ich Autos, die sich im Schnee festgefahren hatten und nicht weiterkamen. Der Schnee war angenehm, doch wenn er in die Augen geriet, war er lästig; ich schloß sie, und der Schnee vereiste mir die Lider, dann die Stirn. Ich war warm eingepackt. Unterwegs jubelte ich vor Freude beim Anblick von all dem Weiß. Die Autos hinterließen Spuren im Schnee und verschmutzten ihn.

Der Schnee fällt langsam in kleinen Flocken. Ich machte mir um nichts Sorgen; das einzige, was mich kümmerte, war, wo der Rollstuhl langfuhr, denn bei dem vielen Schnee konnte ich nichts sehen. Der Wind schüttelte den Schnee von den Bäumen und verwandelte sich in einen Wirbelsturm.

(6. Februar 1991, 2. Klasse)

3 Dicembre 1990

La maestra stava
spiegando .....
Quando ci ha detto: - Adesso nevica
fitto, fitto. Allora mi sono sentito un
colpo di gioia. Noi ci siamo precipi-
tati molto felici alla finestra per
vedere la neve che cadeva lenta e
ondeggiante. Mi sono immaginata su
bito l'arrivo di babbo Natale. Io
mi sono sentita nel cuore un sentimen-
to di felità e una sensazione come
se fosse già la notte di Natale.

molto bene

3. Dezember 1990

Die Lehrerin war dabei zu erklären ...
Als sie zu uns sagte: „Es schneit jetzt ganz dicht", habe ich Freude
verspürt. Wir sind ganz glücklich zum Fenster geeilt, um den Schnee
zu sehen, der langsam wallend vom Himmel fiel. Ich stellte mir so-
fort die Ankunft des Weihnachtsmannes vor. Ich habe im Herzen ein
Glück verspürt, hatte das Gefühl, als wenn es schon Weihnachten
wäre.

sehr gut

Die Wolken

Ich sehe ungeheure, schwarze Riesenwolken: Die linke Wolke ist ein gigantischer Drachen, unvorstellbar groß; der Drachen eilt, bis er auf einen gewaltigen liegenden Riesen trifft, der auf die Erde blickt, und seine ausgestreckten Hände berühren, oder streifen vielmehr, die sanfte Schnauze des Drachens.

Es ist Abend, und der Himmel ist tiefblau.

(17. November 1991, 3. Klasse)

Wolken jagen einander

Es wird Nachmittag.

Die weißen Bäusche, wie Zuckerwatte, eilen schnell, vom Wind getrieben.

Der Himmel ist nicht allzu leuchtend, doch dort, wo die Spitze der Domkuppel thront, zeigt sich ein Sonnenstrahl.

Ein weißes Gespenst verdunkelt die Bögen der Piazza SS. Annunziata. Der Himmel ist neblig, grau, trist und eintönig.

Jetzt wirkt die große Kuppel ernst und streng.

Zwischen den schwarzen Riesenwolken galoppiert erhaben Ferdinand I., der als hohe Statue in der Mitte der Piazza SS. Annunziata steht.

(22. November 1992, 4. Klasse)

Schnee

Es schneit.

Zarte und leichte Flocken legen sich auf die Stadt.

Die ineinander verflochtenen Zweige, die Dächer der Häuser sind von einem dünnen weißen Mantel bedeckt.

In meinem weißen Garten sehe ich die nackten Bäume in der gräulichen und silbrig gesprenkelten Luft. Ein Sonnenstrahl erleuchtet wie ein Scheinwerfer im Kino ein kleines Schneegestöber, das eindrucksvoll auf die Dächer von Florenz herabwirbelt; der Wind wird mit heftigem Geheul noch stärker, und die weißen Bäume biegen sich im Wind.

Der eine Baum, der noch grün ist, regt sich, und seine Blätter sehen aus wie fliegendes Haar im Wind.

(28. Dezember 1992, 4. Klasse)

Der Garten der Iris

Am Sonntag habe ich mit meinen Eltern und meinen Großeltern einen schönen Spaziergang am Piazzale Michelangelo gemacht. Von dort oben konnte man fast ganz Florenz sehen: Die Domkuppel und der Glockenturm von Giotto überragten eine weite Häuserlandschaft, für mich die schönste und grünste Stadt, die ich je gesehen habe.

Nachdem ich die Stadt ausgiebig bewundert hatte, forderte uns meine Großmutter auf, uns den berühmten Garten der Iris anzusehen. So sind wir also über eine Wendeltreppe hinuntergestiegen.

Ein riesiges buntes Feld lag vor meinen Augen: Man sah Wolken, gelb wie Aprikosen, die sich zum zarten Grün des Grases gesellten. Es gab so viele erlesene Blumen, von weißgesprenkeltem Lila bis hin zu Bordeauxrot, daß sie von weitem wie tanzende Damen und Prinzessinnen aussahen.

Sobald ich mich den Blumen näherte, sah ich ganz viele wunderbare Bilder, an die ich mich immer noch erinnere.

(4. Mai 1992, 3. Klasse)

Durch die Fenster meines Klassenzimmers...

Durch die Fenster meines Klassenzimmers sehe ich den prasselnden Regen, der beharrlich auf den Asphalt klopft.

Die kleinen Tropfen, die von der Sonne erleuchtet werden, sehen zwischen den Blättern der Bäume wie kleine glänzende Brillanten aus.

Der Himmel verdunkelt sich aufs Neue, der Regen wird stärker, und die Brillanten, die zuvor zwischen den Blättern glänzten, erlöschen, und alles nimmt wieder seine triste gräuliche Farbe an. Jetzt finde ich alles öde. Während ich traurig den eintönigen Regen betrachte, sehe ich ein Licht, das langsam immer stärker wird, die dunklen Farben werden lebendig und fröhlich, ich höre auf zu grübeln und fange an, von wundervollen Dingen zu träumen.

Auf dem Asphalt sind die Wasserspritzer wie vergnügte Lichtkügelchen, die zurückprallen, hier und dort sehen sie wie kleine Fischlein aus, die durch ein weites schwarzes Meer schnellen.

Es hört nicht auf zu regnen, die Wolken verdecken erneut die Sonne, und alles wird wieder neblig-grau wie vorher. Ich reiße mich von den schönen Träumen los, kehre in die Wirklichkeit zurück und fange an zu schreiben.

(7. Oktober 1992, 4. Klasse)

28 Novembre 1990

Sta piovendo.....

Io sono in casa dei miei nonni. Fuori piove e io mi sento felice perché in casa sto sicura. La televisione é accesa e vedo le trasterre che crea un acquazzone. Ora mi sento malinconica pensando a quella povera gente. Io vado a fare una passeggiata con la nonna e ho l'ombrello e l'impermeabile, la nonna é tutta imbacuccata. Mi sembra che nel terrazzi delle case vicino a me ci siano persone che rovesciano secchiate d'acqua.

28. November 1990

Es regnet.
Ich bin bei meinen Großeltern. Draußen regnet es, und ich bin
glücklich, weil ich zu Hause in Sicherheit bin. Der Fernseher ist
eingeschaltet, und ich sehe all den Kummer, den ein Regenguß her-
vorruft. Jetzt, wo ich an diese armen Leute denke, bin ich ganz
trübsinnig. Ich breche mit meiner Großmutter zu einem Spazier-
gang auf, mit Regenschirm und Regenmantel, meine Großmutter ist
dick eingemummt. Es kommt mir vor, als würden auf den Balkonen
der benachbarten Häuser Menschen stehen und eimerweise Wasser
hinunterschütten.

Sehr gut

Es wehte ein starker Wind

Es wehte ein starker Wind, und der Schnee erhob sich von der Piste. Der Schnee war frisch unter unseren Skiern, und wir fuhren schnell und leicht ohne anzuhalten.*)

Auf einmal jedoch blieben wir stecken und fielen hin, ich hatte Angst, große Angst, mein Gesicht war eiskalt, voller Schnee, und die Brille beschlagen, aber zum Glück hatte ich mir nicht sehr wehgetan, abgesehen von einer kleinen Verrenkung im Knie.

Allmählich begann es kalt zu werden, wir waren auf dreitausend Metern Höhe. Es verging etwas Zeit, und wir gelangten ins Tal, eilten in die Skihütte, es war ein Uhr, und wir hatten noch nichts gegessen.

Dort wartete Giovannino auf mich, der so sympathische Giovanni, dem ich den Kosenamen „Schnupfnase" gegeben hatte, weil er immer verschnupft war.

Wir gingen wieder hinaus. Ich bewunderte das herrliche Panorama, hohe, verschneite Berge, die von der schwachen Sonne erleuchtet wurden.

Es waren fünf Grad unter Null. Wir stiegen ins Auto und fuhren nach Sondrio hinunter.

Im Dunkeln konnte man die Lichter der Bergdörfer sehen.

Eine schöne Nacht ging vorüber.

---

*) Hier „fährt" Alice auf den Schultern ihres Vaters Ski. Bei anderen Gelegenheiten benutzt sie ihre eigenen Skier und wird vom Vater gestützt (siehe Foto auf der nächsten Seite)

Am nächsten Morgen schneite es, Schneeflocken fielen auf den weißen Mantel, es war ein schönes Schauspiel, und ich hatte das Gefühl, es sei Weihnachten.

(9. Dezember 1992, 4. Klasse)

Alice in Fahrt – mit ihrem Papa

Ich und der Frühling

Der Frühling war in mir, ich genoß die erste Wärme der Jahreszeit; meine Seele und mein Geist waren frei, eingehüllt in Glück, ich war heiter, ich dachte an nichts, doch ich spürte, daß mein Herz erfüllt, groß, Herr über das ganze Universum war.

Ich fühlte mich warm, ich lächelte und sang, und sah den klaren Himmel an, und ich war ein Vogel, der durch die Unendlichkeit flog, ich sah das Wasser an, das dem Brunnen entsprang, und ich fühlte mich rein, klar und frisch wie dieses Wasser, ich betrachtete die Blumen auf der Wiese, und ich erblühte mit ihnen. Plötzlich schloß ich die Augen und fühlte mich erwachsen.

Mama rief nach mir – und alles war traurigerweise zu Ende.

(30. März 1993, 4. Klasse)

Sommer in St. Ulrich

(...) Ich habe den Urlaub in St. Ulrich, einem Bergdorf in den Dolomiten, besonders genossen.

An einem Nachmittag haben ich und mein Papa uns alleine auf einer großen grünen Wiese wiedergefunden, von der aus man meinte, die ganze Welt sehen zu können. Wir setzten uns hin um zu gucken: Rundum ragten Berge empor und hoben sich gegen den blauen Himmel ab.

Die Sonne spiegelte ihre Strahlen in dem weißen Schnee und in den großen, angsteinflößenden Felsen.

Obwohl es Sommer war, streiften uns Schneeflocken und vereisten unsere Gesichter, vor allem die Nasenspitze.

Es schneite stark, und ich fühlte, daß ich nicht mehr ich in meiner Welt war, sondern eine Märchengestalt im phantastischsten Augenblick der schönsten Geschichte.

(23. September 1993, 5. Klasse)

Herbst, Übergangszeit

Der Herbst ist ein riesengroßes Bild, das schönste, das poetischste, das abwechslungsreichste.

Kein Maler hat es hervorgebracht, es ist Mutter Natur, die es gemalt hat.

Sie hat ein Bild gemalt, das sich jeden Tag verändern kann, das sich innerhalb von Stunden oder Minuten verändern kann.

Der Herbst ist für mich die faszinierendste Jahreszeit.

Ich beobachte gerne die Bäume, wie sie die Farbe der Blätter wechseln und die Äste, die jeden Tag nackter und trister werden.

Es ist für mich eine Jahreszeit vollständiger Ruhe, des Nachdenkens.

Der Totensonntag ist zum Beispiel ein Tag der Meditation. Sobald ich auf dem Friedhof bin und zwischen den fast kahlen Bäumen umherstreife, kommt es mir vor, als würde ich von einer frischen Brise getragen, kommt es mir fast vor, als würde ich einen magischen Augenblick durchleben. Die Herbststimmung mit ihren warmen Farben paßt zu diesem Fest; es ist, als ob diese alte Sonne einem das Herz erwärmen würde und es mit der Erfahrung ihres langen Lebens auf diesen Moment vorzubereiten wüßte.

Ein wunderbarer Vorzug des Herbstes ist, daß er viele Feiertage hat: den Totensonntag, Allerheiligen und einige Brückentage.

Auch wenn man im Herbst nicht viele Spiele spielen kann, so heißt das nicht, daß man nicht spielen kann.

In den ersten Herbsttagen zum Beispiel vertrieb ich mir die Zeit damit, Blätter, die von den Bäumen fielen, aufzufangen, bevor sie den Boden berührten, und es gewann das Kind, das jeweils bei einem Windstoß die meisten Blätter gefangen hatte.

Ich erinnere mich, wieviel Spaß es mir im Sommer machte, bei Wellen im Meer zu baden, ich spielte mit dem Sand und baute Burgen am Strand. Doch ich sehne mich nicht nach jenen Tagen und jenen Spielen zurück, denn jede Jahreszeit hat ihre Spiele und nur diese. Bei der herbstlichen Kälte lockt mich das Bad im Meer nicht, und daher sehne ich mich nicht danach.

Der Herbst ist die Jahreszeit, die ich am liebsten mag.

(15. Dezember 1993, 5. Klasse)

Die Villa in Spicchio di Lamporecchio

Es ist Nacht, wir befinden uns mitten auf einer großen Wiese, die eine riesige und bezaubernde, ja fast verzauberte Villa umgibt.

In der Mitte dieses Gartens stoßen wir auf einen riesengroßen und bis zum Rand mit Wasser gefüllten Springbrunnen. Darin steht eine zierliche steinerne Statue, die einen kleinen Mann darstellt, der zum Himmel blickt. Ein sehr hoher Wasserstrahl wird jetzt von einem blendenden Scheinwerfer beleuchtet, der ihn in einen Silberstreif am dunklen Nachthimmel verwandelt.

Derselbe Scheinwerfer beleuchtet zugleich eine Tanne, die hinter dem Springbrunnen neben einer wundervollen kleinen Kapelle steht: Die Tanne hat jetzt eine seltsame Färbung angenommen, sie ist ganz fahlweiß, an vielen Stellen von schwarzen Schatten unterbrochen, und sieht beinahe geisterhaft aus: Der Wind bewegt sie mal sachte, mal kräftig, die Schatten sind mal Augen, mal Hände, dann wieder Krallen... und was vorher eine einfache Tanne gewesen war, ist nun zum bösesten Nachtgespenst aus Kindermärchen geworden.

Auf der gegenüberliegenden Seite des Gartens, zwischen Hecken und Bäumen, erhebt sich eine große Treppe, die zu der wundervollen, erleuchteten Villa führt; und schon stehen wir auf einem langen Balkon mit einer Fenstertür, die ins Innere der Villa, in den Hauptsaal, weist.

Der Saal hat eine sehr originelle, und ich würde sagen, recht ungewöhnliche Form: Er ist oval. Seine Wände und die Decke sind ganz mit Fresken bemalt, und er hat sechs Türen und ebenso viele Fenster. Die Decke trägt Fresken aller zwölf Sternzeichen, die so dargestellt werden: Eine Göttin hält einen Schild in der Hand, auf den ein Sternzeichen aufgemalt ist. Der Saal wurde von Bernini, einem berühmten Architekten des 17. Jahrhunderts, gebaut.

Auf der einen Seite des Hauptsaals stehen viele Stühle und auf der gegenüberliegenden Seite die Instrumente: Das Klavier befindet sich genau vor der Balkontür, davor steht ein Streicher mit seinem Notenständer. Das Klavier als Untermalung und der helle Violinenklang, der vorherrscht in dem wunderbaren Stück von Mozart.

(Oktober 1993, 5. Klasse)

Die Akropolis von Lindos

(...) Hier habe ich eine ungewöhnliche Erfahrung gemacht. An diesem Ort, oberhalb einer wunderschönen Bucht mit klarem Wasser, stand eine zweite kleine Akropolis. Der Weg hinauf war schwierig – was haben wir also gemacht? Wir haben einen kleinen Esel gemietet, und so sind wir, mit einiger Mühe und schmerzendem Po, oben angekommen. Wir stiegen lange Zeit zwischen Felsen, wundervollen Denkmälern und langen Stufen empor, und auf einmal, wie ein Stoß in den Magen, erblickten wir... das Meer!

Ich habe lange Zeit mit offenem Mund das Panorama bestaunt: Rechts erhob sich eine unheimlich hohe, stechende und bedrohliche Felsspitze aus dem Meer, und unmittelbar dahinter lag ein intensives, unbeschreibliches Blau, das fast blendete.

(21. April 1994, 5. Klasse)

Aufstieg zur Akropolis

WAHRE UND
ERFUNDENE GESCHICHTEN

Ein Tischler

Es war einmal ein Tischler, der Francesco hieß und in den Bergen wohnte. Er wollte die Königstochter heiraten. Aber der König wollte, daß der Tischler ihm, bevor er seine Tochter heiratete, ein Kanu baut, das sich sowohl auf dem Meer als auch auf dem Land bewegen konnte.

Der Tischler baute ein Kanu mit Rädern und einem Segel. So heiratete der Tischler die Königstochter. Und sie lebten glücklich und zufrieden zusammen.

(31. März 1990, 1. Klasse)

Die Dose

Eines Morgens sah mein Großvater eine Dose: Es war die Salzdose, und mein Großvater glaubte, es sei Zucker, denn bei meinen Großeltern sieht die Salzdose genauso aus wie die Zuckerdose. Er nahm die Dose und kippte ein wenig daraus in die Milch, und als er probierte, rief er: „So ein Mist, diese Milch ist zu salzig!", und ging sich die Zähne putzen. In der Zwischenzeit hatte meine Großmutter die Salzdose in den Schrank gestellt, da sie dachte, Großvater würde die Dose nehmen, die auf dem Tisch stand. Doch als Großvater an den Frühstückstisch zurückkehrte, dachte er genau das Gegenteil. Er holte also wieder das Salz aus dem Schrank, wechselte es nochmal gegen die Zuckerdose aus, und tat wieder etwas davon in die Milch.

Beim zweiten Mal verlor er die Geduld, riß die Tür auf, stieg die Treppe hinunter und ging die Zeitung holen, mit zusammengebissenen Zähnen und dunkelrot vor Wut.

(4. Oktober 1990, 2. Klasse)

Der Teichfrosch

Es war einmal ein Frosch, der lebte in einem Teich auf dem Land. Eines Tages kam ein starkes Gewitter auf. Der völlig verängstigte Frosch namens Gigi spürte, wie er vom Wind in die Luft gehoben wurde, und hatte das Gefühl, er hätte Flügel. Nach einiger Zeit setzte ihn der Wind mit Gewalt auf einem riesigen Meer ab, doch zum Glück unweit vom Strand.

Während er dort saß, sah er einen Unterwasserjäger, der ins Wasser stieg und eine Harpune in der Hand hielt. Gigi erschrak so sehr, daß er sich hinter einem Stein versteckte.

Plötzlich erstrahlte der Stein. Gigi war entsetzt und begann sich zu fragen, warum. Er dachte kurz nach und kam dann hervor. Der Wunderstein erlosch, und Gigi hörte eine Stimme, die zu ihm sagte: „Wer immer sich hinter mir versteckt, wird zum Meereskönig".

Sofort beruhigte sich das Meer, die Fische kamen zu ihm, und eine Meerjungfrau empfing ihn mit einem Kuß. Und sie blieb für immer bei ihm; so wurde Gigi zum Meereskönig, und die Meerjungfrau, die Angelica hieß, wurde Königin, und sie bewahrten den Wunderstein als Schatz auf.

(Januar 1991, 2. Klasse)

Eine Science-fiction-Geschichte

Es war einmal ein Astronaut, der im Jahre 1800 zum Saturn flog, um diesen Planeten zu entdecken. Er traf einen Außerirdischen, der dort wohnte und Axrix hieß, der ein großes Reich besaß und sich auf dem Saturn wohlfühlte, da er sich sehr von den Menschen unterschied.

Der Astronaut Charles näherte sich Axrix langsam und ein wenig ängstlich, und Axrix drehte sich plötzlich um und fragte ihn:

„Arsiculeò? Arsiculeò?", was in seiner Sprache „wer bist du?" heißt.

Aber Charles verstand nicht und fragte daher etwas eingeschüchtert:

„Was hast du gesagt – und wer bist du?"

Aber Axrix verstand offensichtlich auch nicht. Also blieb Charles noch etwas auf diesem Planeten, um Axrix kennenzulernen, wenn auch im Schutz seines Raumschiffes, denn man konnte ja nicht wissen, welche Absichten Axrix hatte. Aber nach und nach gewöhnte er sich an Axrix, und er hatte sogar irgendwie seine Sprache gelernt; nun waren sie Freunde. Axrix zeigte ihm sein Reich, und Charles ging es so gut auf dem Saturn, daß er nicht mehr zur Erde zurückkehrte.

(3. Oktober 1991, 3. Klasse)

Ein Traum

Es war einmal ein Kind, das nachts immer träumte.

Eines Nachts träumte es, mit einer Rakete zu einem weit entfernten Planeten zu fliegen.

Es träumte, daß die Einwohner dort ganz anders als wir waren, bis auf einige Lebewesen: die *ollari*, die die Männer dieses Planeten waren, die *cherelle*, die die Frauen waren, die Fische, die *eccidagna* hießen, usw.

Die *cherelle* waren gelb und elektrisch geladen, aber sie entluden sich nie; die *ollari* hatten Bärte bis zu den Füßen und waren genauso glühend rot wie das Feuer.

Das Kind, das in das Reich des Traums eingetreten war, fragte die Fremden: „Wer seid ihr? Und wie heißt ihr?".

Die *cherelle* und die *ollari* antworteten erstaunt: *„Wirwir sindsinds, diedie Einwohnerner vonvon diesemsem Planetenten, Irdischerscher! Undund wirwir habenben Namenmen, diedie dudu, Irdischerscher nichtnicht kennstennst, undund wirwir sagengen siesie*

36

dirdir späterter inin demdem Saalsaal desdes Königs-
nigs, Irdischerscher!"

Das verängstigte Kind folgte den Außerirdischen
zum Saal ihres Königs.

In dem Saal angekommen, fragte der König das
Kind: „*Werwer bistist dudu, Fremderder?*"

Und das Kind antwortete: „Ich bin Paolo, und ich
wohne auf der Erde". Da stellten sich alle vor und zeig-
ten ihm ihre Besitztümer, und er wollte dort bleiben.
Dann wachte er auf und hörte seine Mutter sagen:
„Wach auf, Paolo, du kommst sonst zu spät zur
Schule!".

(30. Oktober 1991, 3. Klasse)

Die Familie Topolain und die Kater

Es war einmal ein Mäuserich, der in einem Löchlein
in der Mauer geboren worden war, und der sehr klein
war. Er saß immer bei Mama auf dem Arm, aber eines
Tages ging Topetto hinaus, denn er war groß geworden
und saß nicht mehr bei Mama auf dem Arm. Draußen
traf er auf streunende Kater, die auf der Lauer lagen, um
ihn zu fressen, da lief er ins Haus und warnte sofort Papa
Blicchi und Mama Minni. Darauf sah die ganze Familie
Topolain aus dem Fenster, und alle fingen an zu überlegen, wie sie sie loswerden könnten, und Blicchi strengte
sich gemeinsam mit Minni und Topetto an.

Nachdem sie einige Zeit in Papa Blicchis Nachdenk-

26 Settembre 1990

Storia inventata

parole chiave:

cagnolino – campagna – sognare – vigna

C'era una volta un cagnolino
che aveva perso la sua padroncina.
Era in aperta campagna, correva,
correva disperato e affamato finché
arrivò in una vigna.
Il cagnolino mangiò così tanta uva
che si addormentò e sognò la sua
padroncina

brava

26. September 1990

Erfundene Geschichte
Schlüsselbegriffe: Hündchen – Land – träumen – Weinberg

Es war einmal ein Hündchen, das sein Frauchen verloren hatte.
Es war auf freiem Feld, rannte und rannte verzweifelt und hungrig,
bis es zu einem Weinberg kam.
Das Hündchen aß so viele Weintrauben, daß es einschlief und
von seinem Frauchen träumte.

gut

zimmer verbracht hatten, kam Topetto schließlich eine Idee, und er flüsterte den Eltern zu:

„Warum halten wir keine Versammlung ab mit der Familie Topot-topot und allen Mäusefamilien, die es in London gibt?" Also machten sich Blicchi, Minni und Topetto daran, im Telefonbuch nachzuschlagen, um die Familie Topot-topot und die anderen Familien anzurufen.

Am nächsten Tag trafen sie sich dann im Haus des Bürgermeisters Super-topot und entschieden gemeinsam, eine kleine Kanone zu bauen, die die widerlichen Kater töten könnte, aber um diese Mäusekanone herzustellen, mußte man das Haus verlassen, denn ihr müßt wissen, daß diese Kanone größer war als das Haus der Familie Topot-topot; also brauchten sie eine Idee, wie man schießen könnte, ohne aus dem Haus zu gehen, sonst würden sie gefressen, bevor die Familie Topolain das Kanönchen abgefeuert hätte.

Sie wußten wirklich nicht, was sie tun sollten, also versuchten sie, einen Tunnel zu bauen, aber leider hatten sie keine Maschinen, um im Asphalt zu graben, also entschieden sie, daß sie irgendwie in eine andere Stadt umziehen oder an einen weit entfernten Ort gehen müßten. Topetto sagte nachdenklich:

„Wie sollen wir umziehen, wenn man wegen dieser widerlichen Kater nicht aus dem Haus gehen kann?"

Also beschlossen sie, eine künstliche Maus mit Gift vor das Haus der Familie Topolain zu legen, und so würden die Kater sterben.

Nachdem sie also die Maus ausgelegt hatten, gingen sie ins Haus.

Erste Schreibversuche in der Vorschule

Die Kater leckten an der Maus mit dem Gift und starben, und die Mäuse zogen zur Sicherheit in eine andere Straße um.

(14. November 1991, 3. Klasse)

Der Weihnachtsbaum

Alice – Fühlen Sie sich schwer?

Baum – Nein, aber ich bin vollgehängt mit Sachen.

Alice – Und stört es Sie?

Baum – Ein bißchen. Natürlich ging es mir im Wald besser, ohne irgendwas an.

Alice – Wie fühlen Sie sich?

Baum – Elegant, mit diesen silbernen Bändern, die wie Zweige einer Trauerweide hinunterhängen, diese Kugeln...

Alice – Ich sehe, Sie machen sich wichtig!

Baum – Wie wagen Sie es, mich zu unterbrechen und so zu mir zu sprechen? Ich bin der große Herr von Weihnachten, wissen Sie, finden Sie mich nicht schön?

Alice – Doch, und Entschuldigung für die Unterbrechung.

Baum – Ich war dabei zu sagen, daß ich wundervolle Kugeln habe, rot, und aus Kristall, dieses Jahr habe ich nur diese Farben und bunte Lichter, ich bin elegant, und sehr groß, nicht wahr?

Alice – Ja, Sie sind wirklich elegant und fröhlich.

Baum – Danke, ich habe auch einen goldenen Topf, sehen Sie?

Alice – Ja, ich sehe, Herr Weihnachtsbaum, und danke für das Interview; auf Wiedersehen.

Baum – Auf Wiedersehen.

(2. Januar 1992, 3. Klasse)

Carletto und die amerikanische Hexe

Carletto war ein kleiner Kater, seine Mama hatte ihm, bevor sie starb, Italienisch beigebracht. Carletto wurde erwachsen und ging mit seiner Verlobten auf eine lange Reise, er fuhr nach Amerika.

Sie reservierten in einem Fünf-Sterne-Hotel, das „Kete" hieß.

Eines Morgens, nach einem reichhaltigen „Kit-kat"-Frühstück, machten sich Carletto und seine Verlobte Pallina zu einer Amerika-Rundreise auf.

Unterwegs traf das Katzenpärchen eine alte, häßliche und stinkende Frau. Es war eine Hexe, eine amerikanische Hexe. Carletto und Pallina versuchten, einen großen Bogen um sie zu machen, aber die Hexe Almelius packte sie und brachte sie in die Hexenunterkunft.

Sie setzte sie vorsichtig auf den Tisch und sagte, ihre Chefhexe habe ihr aufgetragen, zwei Kätzchen zu helfen, die sich auf den Straßen von Philadelphia umhertrieben, also habe sie sie mitgenommen, um sie nach ihrem Problem zu fragen.

Die verblüfften Kätzchen antworteten, daß sie in Amerika keine Probleme hätten, aber daß in Florenz die Arbeit nicht gut lief.

Almelius sprach einige Zauberworte, und alle drei fanden sich in Florenz in Carlettos Büro wieder.

Seit jenem Tag klappte alles wunderbar, und Almelius half ihnen immer.

Papa, ich habe dir diese Geschichte erzählt, weil du mich immer Hexe nennst.

Ich bin Almelius, Pallina ist Chicca, und Carletto ist der geheimnisvolle Verlobte, mit dem Chicca immer ausgeht.

(19. März 1992, Vatertag, 3. Klasse)

Autos auf Enterkurs

(eine verrückte Geschichte)

Auf den Straßen sieht man viele hupende und trompetende Autos; die Leute geben eine Menge aus, um diese lärmenden Objekte zu kaufen, die über die Straßen fahren, aber wer denkt an sie?

Eines schönen Tages, während die Straßen von Verkehrsmitteln wimmelten, entschlossen sich die Autos, indem sie einander mit der Hupe Zeichen gaben, sich in der folgenden Nacht in der Via di Circonvallazione zu treffen, um einen Weg zu finden, sich gegen die Menschen aufzulehnen.

Nach einigem Hin- und Herüberlegen kamen sie darauf, daß sie den Schlaf der Leute stören könnten, indem sie trompeteten und bis zum Gehtnichtmehr Chaos veranstalten würden.

So setzten sie ihren Plan noch in derselben Nacht in die Tat um.

Niemand schlief in dieser Höllennacht, noch konnte jemand gegen diese Horde von fuchsteufelswilden Autos ankommen.

So wurde nach dieser schrecklichen Nacht in die Straßenverkehrsordnung aufgenommen, daß es verboten sei zu hupen, sobald es dunkel wird.

Bis heute muß dieser Artikel der Verkehrsordnung beachtet werden, aber die Autos, die immer noch den Menschen unterworfen sind, trompeten auch nachts unerschrocken weiter.

(18. April 1992, 3. Klasse)

Der Messias der Marsmenschen

Das Radio von Signor Paolini:

„In Florenz spricht man seit einigen Tagen von einem Mann, der jeden Tag einen seltsamen Zauber auf die Menschen in der Toskana ausübt."

Doch versuchen wir uns diese interessante Tatsache zu erklären und begeben uns dafür auf eine Reise zum Mond um zu sehen, was vergangene Woche passiert ist.

Einige Außerirdische erwarten seit einer Woche den Messias, den der Gott X.P.R.4 gerade fertigprogrammiert. Plötzlich ertönt eine Stimme: „Der, den ihr seit so vielen Tagen erwartet, wird in genau fünf Minuten auf eurem Planeten landen! Sein Name wird Marjesus sein."

Die fünf Minuten sind vorbei, doch auf dem Mond ist

nicht die geringste Spur von Marjesus. Der ist auf der Reise tatsächlich vom Kurs abgekommen und fällt genau auf unseren Planeten Erde. Marjesus erwartete sicher, in einem staubigen Mondkrater geboren zu werden, wie ihm sein Vater X.P.R.4 gesagt hatte, dagegen fand er sich eines Morgens auf dem Bett des Bürgermeisters Morales wieder.

Es kommt nun zu einem Riesendesaster: Morales ist gezwungen zurückzutreten, sehr verstört wegen des Sohnes, von dem er nichts wußte, seine Frau läßt sich scheiden, und der arme Marjesus stiftet ohne Mutter und Vater jede Menge Unheil in Florenz: Zuerst läßt er einen mit gesunden Augen erblinden, der ihn zu Recht dahin wünscht, wo der Pfeffer wächst, unmittelbar danach läßt er einen Stummen sprechen, der ihm unendlich dankt, und schließlich lähmt er einen berühmten Läufer.

Die Florentiner und alle Menschen in Italien wissen nicht mehr, ob sie sich fürchten und in ihre Häuser einsperren sollen, oder hoffen, daß er irgendein gutes Wunder vollbringt und ruhig durch die Straßen laufen sollen. Auch Marjesus weiß nicht mehr, was er tun soll, um die Menschen zufriedenzustellen.

Eines Nachts ruft er seinen Vater an, den, der ihn geschickt hatte: „Mein Vater, bitte, mach, daß ich die Menschen auf diesem Planeten zufriedenstellen kann".

In jener Nacht ging dem Gott X.P.R.4 auf, daß sein Sohn nicht richtig programmiert war, er mußte sich irgendwo bei den Berechnungen vertan haben, und in jener Nacht erfuhr Marjesus einige Veränderungen.

Vom nächsten Morgen an kamen nach und nach all jene, die beschlossen hatten, im Haus zu bleiben, heraus, es kamen Männer, Frauen und Kinder aus der ganzen Welt, um ihn zu treffen, denn alle hatten gesehen, daß von jenem Morgen an die Dinge, die er vollbrachte, allesamt gute Werke waren.

Für Marjesus begann also ein großer Erfolg, der leider nur einen Tag dauerte, denn in derselben Nacht träumte er von dem Planeten, auf dem er hätte landen sollen: dem Mond. Sein Traum war so stark, daß er ihn ins All fortzog, aus dem Erdkreis heraus, hoch, ganz hoch, bis er schließlich auf dem Mond landete.

X.P.R.4 wird klar: „Er war auf einem falschen Planeten gelandet! Jetzt verstehe ich!". Und sofort, noch bevor Marjesus aufwacht, sorgt er dafür, daß er ein drittes Mal verändert wird, damit er für die Marsmenschen auf dem Mond geeignet sei, und verkündet nochmals die Ankunft des Messias.

Zunächst zögerten die „Mondler", daran zu glauben, doch dann versuchten sie es noch einmal, und Marjesus erstand aus dem Krater, wie es vorhergesehen war, und begann die „Heiligenlaufbahn" von neuem und in der richtigen Art und Weise.

(12. Oktober 1993, 5. Klasse)

Hast du nie erlebt,
wie Dinge lebendig werden?

Es war Herbst.

Ich saß unter einem Baum, der fast noch voller Blätter war, in unbeschreiblichen Farben, die nicht einmal der begabteste Maler wiedergeben könnte.

Ich sah hoch, und da: auf einem Ast eine große grüne Prärie, und Hunde und Pferde und Reiter, gelb, rot, braun, orange und in anderen wundervollen Farben gekleidet, liefen darüber.

Ich wandte den Blick ab und sah plötzlich ein Kindergesicht, dann das eines Monsters, dessen Ausdruck jedesmal wechselte, wenn der Wind es berührte.

Plötzlich blies der Wind mit großer Kraft, und einige Hunde fielen von der Prärie herunter und mit ihnen zusammen die Haare des Kindes.

Ich verfolgte, wie sie langsam im Winde kreisten: Sie drehten sich so, und waren Segelboote, sie drehten sich anders, und wurden zu Vögeln und Fischen, und dann landeten sie sanft, eins nach dem anderen, und auf dem Boden bildeten sie neue Phantasiemuster, Berge, Felder, Blumen, und nur wenn ich ein Dichter wäre, könnte ich sie beschreiben.

Es ist schön, Augen zu haben, um die Figuren zu sehen, die die Natur in sich gefangenhält, und die nur die Augen der Phantasie befreien können.

(4. November 1993, 4. Klasse)

Der „Kleine Prinz"-Mönch

Es war einmal ein Fuchs mit rotbraunem Fell, lebhaft und hungrig, schlau und vor allem heiter. Er lebte im Wald von Camaldoli, in Eis und Schnee und in fast vollkommener Einsamkeit.

Mitten im Wald liegt ein alte Einsiedelei der Mönche von Camaldoli. Eines Abends, da hinter jenen Mauern Stille herrschte, beschloß der Fuchs, die Einsiedelei zu betreten. Mit einem Satz befand er sich zwischen den Häuschen der Einsiedler.

Er streifte verstohlen durch die stillen Gäßchen. Auf dem Gelände gab es nur wenige Spuren von Menschen. „Seltsam", dachte der Fuchs, „normalerweise sind in einem Dörfchen wie diesem mehr Spuren auf dem Gelände!"

Plötzlich lugte aus einem Fensterchen ein großes lächelndes Gesicht mit einer Schlafmütze auf dem Kopf. Einen Moment später verschwand es, und aus der Tür des Häuschens trat ein weiß gekleideter Mönch, der ein Stückchen Brot in der Hand hielt.

Der Fuchs erstarrte, bereit zu fliehen. Der Mönch machte drei Schritte vor, ganz, ganz langsam, legte das Brot auf den Boden und ging langsam wieder in seine Kammer zurück.

„Das ist eine Falle!", dachte der Fuchs. Er sah ängstlich um sich: Es war niemand da. Er sah den Mönch, der ihn durch die beschlagenen Fensterscheiben hindurch beobachtete.

Der Fuchs näherte sich dem Stück Brot, sah sich noch einmal um, dann, schnell wie der Blitz, schnappte

Don Carlo, Prior der Einsiedelei von Camaldoli – mit dem Fuchs

er das Brot und verschwand im dunklen Wald. Am folgenden Abend wiederholte sich alles, und ebenso am Abend darauf.

In einer dieser Nächte ging Don Carlo nicht wie gewöhnlich ins Haus zurück, sondern setzte sich neben das Stück Brot in den Schnee und wartete, daß der Fuchs sich näherte. Der Fuchs wartete ein wenig: Er war einem Menschen noch nie so nahegekommen und hatte ein bißchen Angst. Doch dann entschloß er sich, begriff, daß Don Carlo ihm nichts Böses antun würde, näherte sich, und, statt mit dem Brot in den Wald zu flüchten, aß er es diesmal dort, bei Don Carlo. Und so tat er es einen guten Monat lang.

Einmal kam Don Carlo aus der Kammer mit seinem Stück Brot. Der Fuchs wartete, daß er es auf den Boden legte, doch er kam näher, und bei jedem Schritt, den er machte, wich der Fuchs ein bißchen ängstlich zurück, bis sie schließlich beide stehenblieben.

Der Fuchs wartete ein bißchen, kam dann langsam näher, blieb noch einmal stehen, streckte schließlich seine Schnauze der Hand des Mönchs entgegen und aß das Stück Brot.

Seit jenem Abend wurden die beiden enge Freunde, und noch heute holt sich der Fuchs mit dem rotbraunen Fell das Essen aus Don Carlos Hand, der den Fuchs inzwischen gezähmt hat, ganz wie es der „kleine Prinz" mit seinem Fuchs getan hat.

(3. Januar 1994, 5. Klasse)

Die Zauberstifte

„Ist die Schule nervig" – sagten die Brüder Brown – „vor allem die Hausaufgaben."

Die beiden Kinder waren neun Jahre alt und gingen in die vierte Klasse, was ihnen überhaupt nicht gefiel. Sie hießen Alfred und Charlie. Es gibt viele Charlie Browns. Sie lebten mit ihrer Mama, ihrem Papa und einer Katze in einem schönen Haus in New York. Alfred war einige Monate älter als Charlie und hatte noch weniger Lust als der.

Eines Abends, als sie (wie immer völlig fertig) von der Schule zurückkamen, gingen sie, statt zu Hause die öden Hausaufgaben zu machen, in den benachbarten Garten, wo, so sagt man, eine Zauberin lebte.

Es ist kein sehr passender Ort für Zauberinnen, Hexen und Hexer, aber andererseits gibt es in New York keinen Wald und kein Gehölz für Berufszauberer, und außerdem fühlte sich diese Zauberin in dem Garten wohl und hatte nicht die Absicht, sich vor den gewöhnlichen Sterblichen zu verstecken, so wie die anderen Hexer.

Alfred und Charlie hatten die Idee, „Magic Woman" (so hieß die Zauberin) zwei Stifte zu bringen. Magic Woman sollte sie verzaubern, damit die beiden Stifte zu „magic pens" würden und die Hausaufgaben alleine erledigten.

„Welch ein Glücksfall!!!"

Die beiden Jungen gingen nach Hause, und nachdem die Eltern sie für ihr Zuspätkommen ausgeschimpft hatten, öffneten sie ihre Hefte, legten die „magic-pens" darauf, und diese erhoben sich und begannen, schnell wie der Wind zu schreiben, und das in der Schrift von Alfred und Charlie.

Es hatte geklappt...

Den Eltern und der Katze sagten sie nichts, und auch in der Schule schwiegen sie.

So machten die Kinder das ganze Schuljahr lang keine Hausaufgaben, denn darum kümmerten sich die „magic-pens".

Sie machten zwar schöne Hausaufgaben, doch die Kinder verloren die Übung im Aufsatzschreiben und Rechnen, sie wurden zu „Riesen-Dummköpfen".

In die Schule nahmen sie die „magic-pens" nicht mit, denn sonst hätten die anderen sie entdeckt, und so schrieben sie furchtbare Aufsätze und verrechneten sich, und die Lehrerinnen staunten: Zu Hause arbeiteten Alfred und Charlie sehr gut und in der Schule sehr schlecht.

Sie begannen zu vermuten, daß ihnen zu Hause Mama die Hausaufgaben machte. Am Ende des Schuljahres bekamen die beiden sehr schlechte Zeugnisse, und, stellt euch vor, sie blieben sitzen.

Die ganze Familie Brown war verzweifelt, auch die Katze, und vor allem die Kinder. Sie mußten der Zauberin tieftraurig die Stifte zurückbringen, die sie wieder zurückverwandelte.

Die Jungen machten das ganze Jahr lang ihre Hausaufgaben: Am Anfang hinkten sie ein wenig hinterher, aber am Ende bekamen sie das beste Zeugnis von allen Schülern.

Alfred und Charlie Brown sind jetzt seit zehn Jahren tot. Ich wünschte, sie könnten eines Tages allen Kindern der Welt zurufen, daß Hausaufgaben zwar langweilig, aber doch nützlich sind.

(5. Januar 1994, 5. Klasse)

TIERE

Das Vögelchen,
das aus dem Nest gefallen war

Heute sind wir in den Garten gegangen und haben ein Vögelchen gesehen, das aus dem Nest gefallen war. Die Lehrerin hat es in die Hände genommen und hat es dann mir gegeben, und alle meine Klassenkameraden standen um mich herum, weil sie es streicheln wollten. Aber Niccolò öffnete meine Hand ein wenig, als er es streicheln wollte, und der Spatz ist geflohen, aber die Lehrerin hat ihn wiedergefunden und ihn mir zurückgegeben.

Dann habe ich ihn Cecilia gegeben, aber Cecilia hat die Hände aufgemacht, und der Spatz ist geflohen, und wir haben ihn nicht mehr wiedergesehen.

(8. Juni 1990, 1. Klasse)

Die Seehunde

(...) Es gab da Seehunde, die Ball spielten und über den nassen Boden rutschten, sie schwammen sehr gut, und wenn sie liefen, machten sie Sprünge, daß sie wie kleine, mit Wasser gefüllte Ballons aussahen.

(Gardaland, 5. November 1990, 2. Klasse)

Mein Kater Lollo

Vor einiger Zeit hatte ich einen Kater. Ich hing sehr an ihm, so sehr, daß ich jedesmal, wenn jemand mit mir schimpfte, zu ihm ging und mit ihm sprach. Wenn er miaute, verstand ich, daß er mir eine Antwort gab. Wenn es ihm schlecht ging, konnte ich an nichts anderes denken. So als wäre ich seine Mama gewesen. Das Pfeifen des Windes erinnert mich an sein Miauen.

Beim Lesen vom *Kleinen Prinzen* mußte ich an Lollo denken, denn es ist mir fast dasselbe passiert wie dem kleinen Prinzen mit dem Fuchs.

Meinen Kater habe ich nicht vergessen und werde ihn nie vergessen, denn er war mein bester Freund. Doch jetzt haben wir ihn fortgeschickt, denn es ging ihm schlecht, aber ich trage ihn noch in meinem Herzen.

(4. Februar 1991, 2. Klasse)

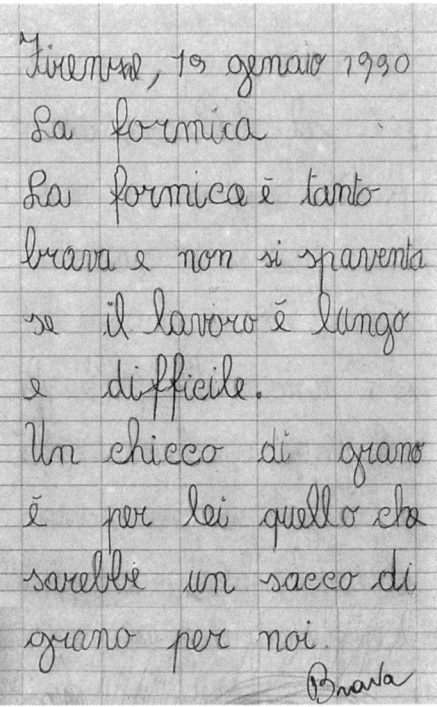

Florenz, 19. Januar 1990

Die Ameise

Die Ameise ist so tüchtig und bekommt keine Angst,
wenn die Arbeit lang und schwer ist.
Ein Getreidekorn ist für sie, was ein Sack Korn für uns wäre.

gut

56

Goldfisch

Ich habe bei mir zu Hause einen kleinen Goldfisch, den mir eine Freundin zum Geburtstag geschenkt hat.

Nicolino ist hellrot und hat glänzende orange Schattierungen auf dem Rücken. Er hat einen langen Schwanz: Er sieht aus wie aus durchsichtigen Schleiern gemacht. Mit dem Schwanz gibt er seinen gewundenen Bewegungen Schwung. Er hat hervorstehende glasige Augen, und er sieht mich aus dem Aquarium mit seinen sanften Augen an.

(30. Januar 1992, 3. Klasse)

Armer Berty...

Ich lag friedlich schlafend im Bett. Plötzlich weckte mich ein Riesenkrach, ich machte verschlafen die Augen auf, reckte mich, drehte mich um und sah, daß der Himmel draußen finster war, von großen schwarzen Riesenwolken bedeckt, und der Regen prasselte stark, sehr stark, ich hörte das Pfeifen des Windes und die Fensterscheiben meines Zimmers, die laut zitterten. Ich hatte ein seltsames Gefühl, ich sah auf die Uhr, es war zehn, aber wieso war es draußen so dunkel?

Man konnte meinen, es sei tiefe Nacht.

Ich hatte keine Angst, aber diese Dunkelheit beeindruckte mich.

Ein Blitz erhellte für einen Augenblick die dunkle Färbung des Himmels, von dem Moment an prasselte der Regen noch stärker, einige Sekunden später hörte ich einen lauten Donner, ein Alarm ging los, und von weitem hörte ich ein verzweifeltes Miauen, ich machte mir Sorgen wegen Berty, ich hatte die Vermutung, daß dieser Verrückte wieder auf einen Baum geklettert war. Ich rief Papa und fragte ihn beunruhigt, wo Berty sei, und er antwortete mir traurig, daß ich recht hätte: Berty saß auf dem Baum. Einen Moment lang hatte ich Mühe, es zu glauben. Papa gab mir mit einem Kopfnicken zu verstehen, daß es wahr sei.

„Armer Berty", dachte ich bei mir und erhob den Blick wieder zum Himmel.

Dort oben, inmitten der Dunkelheit der Wolken und zwischen den Regentropfen, die so dicht waren, daß sie wie Nebel aussahen, konnte man auf einem Ast einen kleinen schwarzen Ball erkennen, der sich bewegte, versuchte, hinunterzusteigen und verzweifelt weinte.

Der Hagel schlug stark und unablässig gegen die beschlagenen Scheiben.

Ich war traurig und besorgt, aber zugleich begeistert von diesem faszinierenden, einmaligen und furchtbaren Schauspiel.

(13. Oktober 1992, 4. Klasse)

Die Liebe meines Katers

Ich betrachte das Keramikkätzchen, das auf meinem Kaminsims steht... Man kann wahrhaftig nicht behaupten, daß es häßlich ist! Man sieht ihm an, daß es ein Herzensbrecher ist – mit seinem blauen Halsband, diesen sanften Augen, diesem schönen weißen Fell und diesem so wohlgeformten Körper.

Auf einmal steigt Berty, mein Kater, auf den Kaminsims, nähert sich dem Kätzchen und beginnt es stilvoll zu umwerben, ihm sehr zärtliche Küßchen auf das reizende Schnäuzchen zu geben, usw., usw...

Am späten Abend stellt sich Berty vor dem Kaminsims in Pose, und mit einem besonders zärtlichen Ausdruck sieht er Lilli (so habe ich das Kätzchen genannt) an.

Tja! Wie es scheint, mißfällt die kleine Statue Berty nicht, meiner Meinung nach ist er geradezu in sie verliebt.

Das wiederholt sich viele Abende lang, doch ich habe entdeckt, daß Berty auch am Tag in Lillis Nähe bleibt und sie seltsam anmiaut, als wolle er sagen: „Ich liebe dich".

(12. Dezember 1992, 4. Klasse)

Berty

Berty ist groß geworden: er ist nicht mehr der kleine schwarze Bausch, der sich früher im Haus verlief, winzig wie er war.

Ich sehe, wie er immer weiter wächst und gewöhne mich immer mehr an ihn.

Er hat sich jetzt sehr verändert; er ist groß, er hat langes und dichtes Fell, vor allem um die Schnauze herum, er hat ein Paar glänzende smaragdgrüne Augen, die nichts anderes fordern als ein wenig Zuwendung.

Sobald er mich sieht, springt er auf meinen Schoß und bewegt seinen buschigen Schwanz, er scheint mich um Liebkosungen zu bitten, dann fängt er an, mich zu lecken und wie gewöhnlich an meiner Hand zu saugen, vielleicht macht er das, weil er sich an die Zitze seiner Mama erinnert, oder weil er sich an sie nicht mehr erinnert, und glaubt, ich sei seine Mama.

Bertoldo hat sich ganz schnell an das Haus und an meine Familie gewöhnt: So setzt er sich jeden Morgen beim Frühstück und auch jeden Abend auf meinen Schoß, ab und zu gebe ich ihm etwas zu essen, und er leckt es direkt aus meiner Hand auf; dann folgt er mir, wohin ich auch gehe, ins Wohnzimmer, um mit mir fernzusehen, in mein Zimmer und auch ins Bad, so daß er gelernt hat, Pipi in die Toilette zu machen und auch in etwa, wie man sich die Zähne putzt.

Ich lasse ihn nicht aus dem Haus, auch wenn mir klar ist, daß er es sehr gerne hätte, aber ich habe Angst, daß er unter ein Auto kommt. So konnte Berty nur Pepe kennenlernen, den kleinen Hund von einem meiner Klassenkameraden, und wenn er ihn sieht, macht er einen Satz mit seinen kräftigen Hinterpfoten und flitzt auf den Baum in meinem Garten.

Dieser kleine Kater zeigt mir auf seine Weise seine Gefühle, und ich mache es ihm gegenüber genauso, wir lieben einander wie Geschwister.

(16. März 1993, 4. Klasse)

Berty – ein besonderer Kater

Unsere Haustiere

Ich habe Tiere schon immer sehr gerne gemocht, und ich habe zur großen Freude meiner Eltern immer mit ihnen zusammengelebt. Jetzt habe ich zwei kleine Landschildkröten zu Hause, einen Goldfisch und zwei Katzen: eine schwarze und eine weiße.

Ich habe sie alle sehr in mein Herz geschlossen, aber ich glaube, die Tiere, die ich am liebsten habe, sind die beiden Katzen: Berty ist das Männchen; er ist ein riesiger Kater, mit tiefschwarzem und sehr dichtem Fell. Diese große Menge an weichem und dunklem Fell macht fast seinen gesamten Umfang aus. Was mich an ihm am meisten belustigt, ist seine plumpe und ungeschickte Art zu laufen. Aber nichtsdestotrotz verwendet Berty all seine Kräfte und seinen Willen darauf, höchstmögliche Sprünge zu vollführen, um Schmetterlinge zu fangen, die ihn so sehr faszinieren!

Und Berty führt seine kühnsten Leistungen am liebsten vor den Augen von Minù, der weißen Katze, vor.

Und die beobachtet ihn aufmerksam und amüsiert, und sie sieht ihm in die Augen mit einem Ausdruck, wie ich ihn so zärtlich nie im Gesicht eines Menschen gesehen habe. Minù hat ein wunderschönes Gesicht, das sicherlich jeden Kater verzaubern könnte (oder jeden Mann): Zwei große smaragdgrüne Augen heben sich von dem weichen schneeweißen Fell ab. Ihre Augen sind von einem dünnen, fast schwarzen Streifen umrandet, beinahe so, als wäre sie geschminkt.

Typisch für ihr Verhalten ist das, was Mama „Katz-und-Maus-Spiel" nennt. Minù streckt sich wirklich auf dem Boden aus, direkt vor ihrem Bewunderer Berty. Sie ermuntert ihn mit ihrem zärtlichen Blick und macht ein honigsüßes „Miau".

Da kann Berty der Versuchung nicht widerstehen: Er kommt näher und leckt ihr eine Pfote.

Die Katze reagiert darauf entrüstet und verärgert wie ein Edelfräulein, dem Unrecht zugefügt wurde: Sie springt auf, dreht sich um und entfernt sich mit ihrem eleganten und anmutigen Gang.

Minù ist fast immer in meiner Nähe, sie liebt es, gestreichelt zu werden.

Sie streckt sich auf meinen Beinen aus, sobald der Platz frei ist, und fängt an zu miauen und zu schnurren.

Niemand bringt es fertig, sie wegzuschicken und sie nicht zu streicheln. So schafft sie es immer, das zu bekommen, was sie will, ohne sich viel anstrengen zu müssen.

Die Katzen beachten die beiden Schildkröten kaum, die langsam durch den Garten spazieren, sie laufen manchmal sogar darüber und merken es nicht einmal.

Ich merke es dagegen immer, denn ich empfinde eine besondere Symapthie für die Schildkröten: Sie stören nie, sie beschweren sich nicht und sind immer sehr ruhig. Sie heißen Bianca und Bernie, wie zwei Figuren aus einer Geschichte von Walt Disney.

Ich habe ihnen diese Namen gegeben, als ich klein war, weil mir dieses Märchen so gut gefiel!

Ich habe gesagt, daß die Katzen die Schildkröten nicht beachten, aber dafür beachten sie den Goldfisch: Er heißt Nicolino und lebt seit vielen Jahren in einem inzwischen fast zu kleinen Aquarium. Von morgens bis abends flitzt er von rechts nach links, hoch und runter, und läßt seine rötlichen Schuppen glänzen.

Er bewegt die durchsichtigen Flossen immer mit einer überraschenden Geschwindigkeit. Genau deshalb betrachten die Katzen ihn so gerne. Berty beobachtet ihn auch, weil er genau weiß, daß Nicolino ein ausgezeichneter Leckerbissen ist. Manchmal sehe ich den Kater auf dem Aquarium liegen, wo er verzweifelt versucht, den Fisch durch das Glas zu fangen, und er wird fuchsteufelswild, wenn er merkt, daß seine Versuche immer erfolglos bleiben werden.

Nicolino, Berty, Minù, Bianca und Bernie sind wirklich sehr wichtig für mich, und ich würde sie für nichts auf der Welt im Stich lassen. Sie geben mir das Gefühl, gebraucht zu werden, wenn sie sich streicheln und füttern lassen. Vielleicht ist es gerade das, was mir an Tieren gefällt, und ich werde sie für immer lieben.

(10. Mai 1995, 6. Klasse)

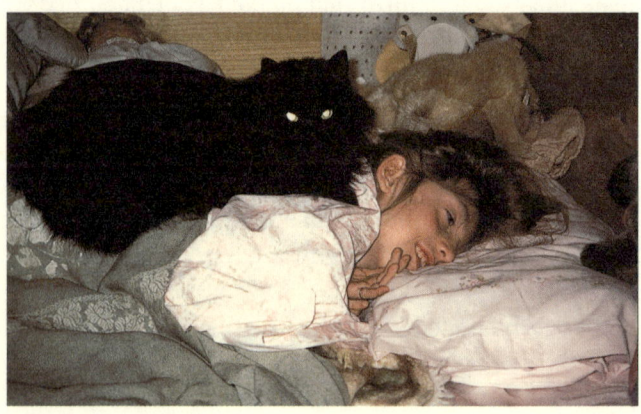

ICH

Und so habe ich doch gebadet

Am 2. Juni bin ich in die Ferien nach Rapallo gefahren. Am nächsten Tag wollte ich an den Strand gehen; doch Großvater hat gemerkt, daß ich ein bißchen Fieber hatte, und ich durfte nicht baden.

Als wir am Strand waren, ist Mama gekommen und hat mich ans Ufer getragen, damit ich eine Burg bauen konnte. Ich habe mich mit den Händen abgedrückt und bin im Meer gelandet, und so habe ich doch gebadet.

(4. Juni 1990, 1. Klasse)

Ich habe es geschafft

Eines Morgens bin ich vor Papa aufgewacht, und Mama war schon arbeiten gegangen, also fing ich an nach ihm zu rufen, aber Papa hörte mich nicht.

Also versuchte ich aufzustehen, ich habe es geschafft. Dann bin ich bis zu Papas Zimmer gegangen, indem ich mich gegen die Wand stützte, und habe ihn geweckt.

Es war das erste Mal, daß ich so etwas gemacht habe; Papa war sehr verwundert aber auch froh, er hat mich auf seine Arme gehoben, und wir sind frühstücken gegangen, und Papa hat mich umarmt.

(20. April 1990, 1. Klasse)

Wie ich sein werde (vielleicht)

Wenn ich groß bin, möchte ich Astronaut werden.

(April 1991, 2. Klasse)

Papa, ich möchte

Ich möchte zu den Sternen fahren
und ferne Galaxien besuchen,
ich möchte Traumtiere kennenlernen,
ich möchte Zauberkräfte haben,
ich möchte fliegen, ohne Flugzeuge zu brauchen,
und daß die schönen Träume Wirklichkeit werden,
ich möchte, daß niemand auf der Welt streitet,
ich möchte, daß die Zwillinge erwachsener im Kopf
werden,*)
ich möchte, daß Papa mehr Zeit mit mir verbringt.
Ich möchte all diese Dinge,
aber ich weiß, daß sie unmöglich sind.

(13. März 1992, 3. Klasse)

Ich dachte...

(...) Nach dem Mittagessen haben Mama und Papa mich nach Hause gebracht, und sie haben gemerkt, daß ich zerstreut war: Ich dachte nach. Ich hoffte, daß ich, wenn ich groß bin, Astronom oder Astronaut werden würde. Ich dachte daran, auf den Mars zu fliegen, oder von der Erde aus den Kosmos zu erforschen. Ich wollte auch gerne ein Raumschiff erfinden, das so schnell wäre, daß es mich in kurzer Zeit auch zu den weiter entfernten Galaxien der Milchstraße bringen könnte.

*) Zwei sehr lebhafte Klassenkameraden

Ich schlief ein und fand mich in einem Traum wieder: Ich war auf dem Mars, und da waren auch Außerirdische, die mir ihren Planeten zeigten. Ich wachte auf und dachte weiter daran, Astronom zu werden, und ob dieser Traum wahr werden kann, muß ich noch entscheiden.

(7. Februar 1992, 3. Klasse)

Wie ich bin

Ich habe blondes Haar, grüne Augen. Ich bin mittelgroß, ich bin weder dick noch dünn. Unter Freunden bin ich immer sehr fröhlich, ich habe einen sehr lebhaften Charakter. Meine liebste Klassenkameradin heißt Phuong, mein ungeliebtester heißt Christian.

Ich mag sehr gerne Hamburger, Pommes Frites, Nudeln mit Tomatensoße, fritierten Lauch, gekochte Eier usw... Ich ziehe mich gern sportlich und elegant an.
Ich gehe gerne zur Schule und mag vor allem Mathematik.
Mein Lieblingssport ist Skifahren. Ich mag witzige Filme und Bücher mit vielen Abenteuern.

Wann ich fröhlich bin ☺
Ich bin fröhlich, wenn das Wetter schön ist, wenn ich Freunde zu Besuch habe, wenn ich ins Kino oder in den Zirkus gehe usw..., wenn ich am Meer oder im Schwimmbad bin.

Wann ich traurig bin 🙁

Ich bin traurig, wenn ich Sehnsucht nach Phuong und Niccolò habe, wenn das Wetter schlecht ist, und wenn ich etwas verloren habe.

(März 1991, 2. Klasse)

Alice mit Schülern der „mythischen" 5B

In den Bergen habe ich Spaß

Ich bin hier im Hotel. In den Bergen habe ich viel Spaß, weil hier Menschen sind, die ich seit langem kenne, und die Freunde von mir und meinen Eltern sind. Ich habe sie jedoch seit langem nicht gesehen, und so bin ich gerne mit ihnen zusammen.

Jeden Tag gehe ich Skifahren, und es macht mir Spaß, denn ich fahre gerne auf meinen neuen Skiern und mit einigen der Skilifte über die Pisten.

Normalerweise fahre ich zum Monte Pana, aber manchmal wechsele ich auch den Ort. Jeden Tag esse ich auf der Hütte zu Mittag.

St. Ulrich, Monte Pana, bereit zur Abfahrt

Wir füllen das gesamte Hotel, bis auf eine Gruppe Holländer, mit denen ich mich ein wenig angefreundet habe.

Am Freitag bin ich mit Giulia, Sara, Patrizia, Lorenzo und Lucia zum Seceda gefahren.

Es war eine sehr lustige Piste: Es ist eine Waldabfahrt, am Anfang kommt eine Stelle mit einem halb zugefrorenen Bächlein und einem kleinen Wasserfall mitten im Schnee. Weiter vorne liegen rote und schwarze Felsen, ein Stückchen weiter wieder ein Stück roter Erde und eine große Grotte, wo ein Baum steht, dessen Wurzeln aus der Erde ragen.

In jedem Winkel meint man, es hätte sich dort ein Zwerg versteckt. Man meint, das Zwergenbergwerk zu sehen, dann ihr Haus und die Zwergenschule.

Am Ende sind eine winzige Bar, eine Schaukel und ein Haus.

Aber das war noch nicht alles, und daher haben wir beschlossen, die Piste noch einmal zu fahren. Wir haben wie beim ersten Mal die Seilbahn genommen, und dann haben wir auf halber Strecke der Piste in einer neuen Berghütte gegessen, in der niemand war.

Als wir zum Hotel zurückgekehrt sind, haben wir beschlossen, Zwerge zu zeichnen, nachdem wir so viele gesehen hatten.

Dann haben wir sie der Hotelbesitzerin geschenkt, da Tag der Frau war, denn wer weiß, ob sie viele wie uns empfangen hat?

(März 1991, 2. Klasse)

Die Zwergenpiste

Die Aufregung, nach einem Jahr die Skier unter die Füße zu schnallen, wenn du dich nicht einmal mehr vage an das Gefühl erinnerst, das du dabei hast, und du nicht weißt, wie du es wieder schaffen wirst, das ist der erste Gedanke, der dir durch den Kopf geht, wenn du die erste Abfahrt im Winterurlaub beginnst.

Und nun sind wir fertig, ich und Papa, Mama, Laura, Michele, Tante Franca, Onkel Andrea, alle in einer Reihe, und... nein!! ich schaff' es nicht! Es ist, als wenn es das erste Mal wäre! Ich bin dabei, eine unmögliche Sache zu machen! Verrückt!! Aber andererseits kann ich auch nicht den ganzen Tag hier stehenbleiben, also dann... los!!*)

Ich fahre Ski! und es passiert nichts, überhaupt nichts!! ich fahre einfach so dahin, das Gefühl, das ich vorher hatte, ist vollkommen verschwunden, ich kann mich nicht einmal daran erinnern, ich bin jetzt entspannt, ruhig und sicher: Es ist einfach und macht Spaß!! Und es ist auch gar nicht so verrückt!! Jetzt erst merke ich, daß ich schon Ski gefahren bin: Ich erkenne das Gefühl wieder, wie es ist, wenn der Wind aufs Gesicht prallt und die Augen brennen läßt.

Ich erinnere mich, daß ich auf der Piste immer singe, also korrigiere ich meine Haltung und stimme meinen Refrain an: Jetzt denke ich nicht mehr an die Skier, sondern sehe mich um, um mich wieder an die Winterberge

---

*) Alice kann skifahren, obwohl sie im Rollstuhl sitzt. Ihr Papa nimmt sie zwischen seine Skier und hält sie in der Taille fest.

zu gewöhnen: Dies ist meine Lieblingspiste... ja!!... die „Zwergenpiste".

Jedes Jahr kommen wir mit unseren Freunden her, es ist inzwischen Tradition. Beim ersten Mal haben wir ihr diesen Namen gegeben, weil sie wie ein Ort aussieht, an dem Zwerge wohnen, Zwerglein, Wichte und Hexen.

Jeder Platz an dieser Piste hat einen Namen.

Das Zwergenbergwerk (2. Klasse)

Ah, da!! wir fahren gerade am Bergwerk vorbei!! Es ist eine kleine dunkle Höhle: Lorenzo hat gesagt, daß er dort auch schon Zwerge bei der Arbeit gesehen hat.

Giulia rast an mir vorbei, ein Mädchen aus der Gruppe: Sie fährt im Schneepflug, so daß ich fast den Eindruck habe, ihre Beine würden sich verdrehen, ihre Skier überkreuzen und sie würde bis zu den „roten Felsen" hinunterpurzeln.

Nach einer langen Abfahrt, die mir ganz kurz vorkam, weil sie so viel Spaß machte, kommen wir zum berühmten „Zwergenhäuschen": Es ist eine sehr hübsche Bar, ganz aus Holz und mit einem weißen Dach aus Schnee, wie gemalt, die Kellnerinnen haben die für dort oben typische Kleidung an: ein Tirolerkleid und ein Schürzchen, und im Hintergrund läuft immer Musik. Das Häuschen ist von einem wundervollen Wald umge-

ben mit verschneiten Tannen und... wenn man sagt, daß die Früchte deiner Phantasie in Wirklichkeit nicht existieren, irrt man sich gewaltig, denn wer das gesagt hat, ist nie auf der „Zwergenpiste" Ski gefahren.

Diese wundervolle Fahrt ist fast zu Ende, ich fahre langsamer, damit sie nicht so schnell aufhört... aber, die Zeit vergeht, langsam oder schnell, und wir kommen am Auto an: Ich bin ein wenig in Trance, ein wenig, weil ich müde bin, und ein wenig, weil ich das Gefühl habe, eine Phantasiewelt geträumt zu haben, und plötzlich in der Welt von heute erwacht zu sein.

(19. Februar 1994, 5. Klasse)

Skier, Stiefel und Stöcke: ideale Stützen
(für die Dauer eines Fotos!)

Wie die Möwe Jonathan,
so bin auch ich „hungrig, aber glücklich"

Es war Mitternacht, das Meer war dunkel und tief, in der Ferne konnte man vom Schiff aus die kleinen Lichter des Hafens sehen.

Mein Herz schlug schnell, ich fühlte schon die Nähe meiner Urgroßmutter (ich hatte sie seit fünf Jahren nicht gesehen), die vor Freude jubelte, meine Beine zitterten, und obwohl es spät war und ich nichts gegessen hatte, verspürte ich weder Hunger noch Schläfrigkeit.

Endlich an Land.

Die Erregung wuchs, wuchs immer mehr. Die Stimme meines Vaters rief mich mit den Worten:

„Alice, wir sind da, hast du es nicht gemerkt?!!"

Mich trafen diese Worte wie ein Blitz, nein, ich hatte es nicht gemerkt, ich war zu sehr mit dem Gedanken an die Begegnung zwischen mir und meiner Urgroßmutter beschäftigt.

Wir blieben vor der Tür stehen und warteten, daß Großmutter öffnete, ich hörte ihre Schritte, ich hielt den Atem an, der Türknauf drehte sich mit leisem Knarren, und die Tür ging auf, Großmutter lief mir entgegen und gab mir einen Kuß auf die Wange. Ich konnte mich nicht an ihr Gesicht erinnern, aber als ich sie sah, erkannte ich es wieder: Es war das von Großmutter, sie hatte sich nicht verändert, immer noch verschmitzt und dickköpfig, wie ich sie vor fünf Jahren zurückgelassen hatte.

Ich fühlte mich wie neugeboren, ich rief laut, und es war mir ganz egal, ob ich das ganze Haus weckte.

Großmutter sah mich mit leuchtenden Augen an, gab

mir ein Glas warme Milch, doch meine Freude war so groß, daß ich nicht einmal einen Schluck trinken wollte.

(29. September 1992, 4. Klasse)

Wenn ich wäre... würde ich

(...) Oftmals wäre ich gerne eine Wahrsagerin, eine Zauberin, eine Hexe, eine Person mit außergewöhnlichen Kräften.

Wenn ich ein kleiner Wahrsagerlehrling wäre, dann könnte ich gerade mal vorhersehen, wie das Wetter am nächsten Tag wird, also Schirme und Regenmäntel bereitlegen, und keine Verabredungen im Freien mit Freunden treffen.

Doch wenn ich eine große, tüchtige, berühmte Wahrsagerin wäre, dann könnte ich vielleicht auch Kriege vorhersehen, die es in Zukunft, in Jahren, geben wird, die Staatsoberhäupter der großen Mächte warnen, daß es Opfer geben wird, und versuchen, dies zu verhindern. Aber, wenn ich noch einmal darüber nachdenke, dann gäbe es, wenn meine Vorhersagen richtig wären, trotzdem Krieg, sonst hätten meine Vorhersagen beinhaltet, daß die Staatsoberhäupter es geschafft hätten, ihn zu verhindern.

Vielleicht wäre es besser, ein außergewöhnlicher Zauberer zu sein: Während ich vor dem Fernseher sitze, könnte ich den Zauberstab bewegen, seltsame „Zungenbrecher" murmeln, Kranke heilen, Kriegen, dem Hunger und dem Leid ein Ende machen, und der ganzen Welt

Glück schenken wie in den Märchen. Aber ich glaube nicht an Zauber und Hexerei.

Ich glaube, am besten wäre ich ein... von Politik verstehe ich nichts, also weiß ich nicht, was ich sein möchte... ein „Jemand", der große Macht hat, die Welt vom Übel zu heilen: von Hunger, Tod, Gewalttaten, Leiden, Krankheiten und vor allem vom Krieg, der die Wurzel all dieser schwerwiegenden Probleme ist. Aber wie ich euch schon eben gesagt habe, verstehe ich nichts von Politik, und weiß daher nicht, wie. Ich verstehe jedoch eins: Daß Bürgermeister oder Präsident zu sein, bedeutet, eine sehr große Verantwortung zu haben. Auch Bürgermeister und Präsidenten sind Menschen und sind ihren Versuchungen ausgesetzt, machen ihre Fehler, und, wenn etwas passiert, werfen es ihnen alle vor. Wenn ich noch einmal darüber nachdenke, dann bin ich lieber was ich bin, und tue im Kleinen, was ich kann.

(30. November 1993, 5. Klasse)

Ich schlafe gerade ein: Geräusche und Lärm

Ich liege in meinem Bett, und während ich versuche einzuschlafen, lausche ich den Geräuschen in meinem Haus und denen vor meinem Haus. Jetzt höre ich Autos, die hupen, die Heizung, die sich anhört, als käme Papa von der Arbeit zurück, jetzt höre ich Papierraschein, Mama, die in der Zeitung blättert. Aber schließlich kehrt ein wenig Stille ein, die jedoch von dem unangenehmen Krach eines Motorrads unterbrochen wird, das sich immer mehr entfernt, bis es verschwindet, und in meinem Zimmer wird es wieder ruhig.

Aber mein Schlaf wird erneut von einem monotonen Alarmsignal unterbrochen.

Nachdem diese Sirene aufgehört hat, ist es wieder still geworden: Aber da höre ich, wie sich die Katzenklappe öffnet, Chicca ist nach Hause zurückgekommen und ist auf dem Weg in mein Zimmer. Jetzt rollt sie sich auf meinen Füßen zusammen, und endlich schlafe ich bei ihrem sanften Schnurren ein.

(Januar 1992, 3. Klasse)

Ich

Ich bin mit dem zufrieden, was ich bin.

Ich heiße Alice, meine Verwandten nennen mich „Schlange", aber ich bin nicht beleidigt, denn ich bin ziemlich zufrieden mit meinem trotzigen Charakter.

Ich bin mittelgroß, habe lange Beine, ich bin nicht sehr dick, aber auch nicht dünn. Ich habe dunkelgrüne ausdrucksstarke und große Augen; mein Gesicht ist etwas sommersprossig; ich habe einen kleinen Mund und zwei große hervorstehende Zähne wie *Weißzahn* aus „Wolfsblut".

Eine Sache, mit der ich vielleicht zu sehr prahle, sind meine Haare, blond, ganz lang und geschmeidig wie Öl.

Ich habe viele Vorzüge, aber ich gebe zu, auch viele Fehler zu haben, wie etwa meine Überempfindlichkeit.

Zu den Vorzügen hingegen zählt, daß ich sehr extrovertiert bin, ich mich gut in die Gemeinschaft meiner Freunde einfügen kann und jede Gesellschaft mag. Ich habe immer eine schlagfertige Antwort parat, und ich bin eine Feinschmeckerin, ich bin sehr unordentlich, und es fällt mir sehr schwer, meine Hausaufgaben zu machen.

Ich bin nicht gern lange allein, und ich beschwere mich zu sehr, wenn ich nichts zu tun habe.

Ich bin schnell beleidigt, aber ich brüte nicht allzu lange über eine schlimme Sache nach. Ich hänge sehr an meiner Familie.

Ich kann gut abstrakt zeichnen und gewagte Pläne schmieden, ich phantasiere immer, daß ich später eine berühmte Persönlichkeit oder so etwas werde, ich schwebe in den Wolken, manchmal will ich auch einen meiner kleinen Träume verwirklichen, wie etwa eine winzige Gesellschaft kleiner Detektive aufzubauen.

Ich will immer scherzen, vielleicht sogar ein bißchen zu viel.

Ich habe eine Leidenschaft für Sport, auch wenn ich nicht alle Arten ausüben kann, weil ich einige motorische Probleme habe. Deswegen kann ich nicht laufen, aber immerhin fahre ich Ski, und darüber bin ich sehr froh, denn es ist mein Lieblingssport.

Im Fernsehen schaue ich mir weder Fußball noch Basketball noch Volleyball an, aber ich gucke die Rennen der „Formel 1" und Skirennen.

Ich stecke meine Nase in alles rein, ich mische mich in die Angelegenheiten anderer Leute und versuche immer, Geheimnisse zu erfahren.

In meiner Freizeit sehe ich mir Krimis im Fernsehen an, ich hasse Zeichentrickfilme; oder ich spiele für mich, lese ein interessantes Buch, keins von diesen schnulzigen, und so vertreibe ich mir die Zeit so, wie es mir Spaß macht.

Ich kann Geheimnisse für mich behalten, und ich lasse mich nicht von meinen Vorstellungen abbringen.

(26. Januar 1993, 4. Klasse)

Die Freiheit dank einem tragbaren Computer

Dadà

Dadà ist eine große, riesengroße, ganz weiche Puppe, die mir am Tag meiner Geburt, oder kurz danach, ich weiß nicht von wem, geschenkt wurde. Ich habe sie sofort liebgewonnen, und ich hänge immer noch an ihr, vielleicht weil ich mit ihr mehr Jahre gelebt habe als mit den anderen Puppen.

Sie hat große rosa Füße, eine enorme Kartoffelnase, riesengroße, immer aufgerissene Augen, ein paar Sommersprossen auf den Wangen und wunderschöne rosa Haare.

Ich kann mich nicht an ihr erstes Kleid erinnern, aber was sie jetzt anhat, ist ein alter kleiner Jogginganzug, den ich trug, als ich so groß war wie sie.

„Dadà, dadà!!!" rief ich und betrachtete sie genau, „nett", mit diesen blauen Augen, diesem runden Mündchen, dem Daumen, der immer im Mund steckt. Mit meinem Fingerchen, der im Verhältnis zu ihrem ganz klein war, zeigte ich auf sie:

„Dadà, dadà", rief ich weiter, also nahmen meine Eltern sie, brachten sie zu mir, bewegten sie ein bißchen, um mich zu unterhalten, und steckten sie schließlich zu mir in den Wagen.

Ich war glücklich, versuchte sie zu drücken, sie zu umarmen, aber es ging nicht, sie war zu groß, zu schwer für mich. Als ich dann größer war und inzwischen gelernt hatte zu sprechen, rief ich sie beim Namen, „Dadà"; das ist der Name, den ihr meine Eltern gegeben haben, den jedoch ich erfunden habe, was ich nicht einmal wußte. Jedenfalls fand ich ihn gar nicht schlecht.

Ich kann mich erinnern, daß meine Hauptsorge war, groß zu werden, so fragte ich meine Eltern alle naselang:

„Ich bin groß, nicht wahr?"

Und ihre Antwort war immer gleich:

„Ja, sicher!!!"

Also maß ich mich getröstet weiter mit Dadà. Sie war so groß wie ich, oder vielleicht sogar ein bißchen kleiner. Ich war zufrieden, aber sie war immer noch zu schwer, und so wurde ich wütend auf sie, warf sie hin und fing an zu schimpfen:

„Du bist böse, du läßt dich nicht knuddeln wie alle anderen Puppen, häßlich und böse, ich guck dich nicht mehr an, ich hab dich nicht mehr lieb."

Doch dann rührten mich ihre Augen, ich ließ sie mir von irgendwem wieder aufheben und versuchte, sie irgendwie zu trösten: Ich sang ihr sicher kein Schlaflied und wiegte sie nicht in den Armen, aber vielleicht machte ich es mit zärtlichen Worten; wer weiß, was ich meiner lieben Dadà sagte.

Nachts ließ ich sie mir neben mich ins Bett setzen, und fing an, ihr von dem zusammen mit ihr verbrachten Tag zu erzählen, ich machte ihr Vorwürfe, ich tröstete sie und bat sie um Rat. Ich steckte ihr den Daumen in den Mund: Und das war ihr Rat:

„Steck dir den Daumen in den Mund und schlaf, es ist spät, Quasselstrippe!!!"

So schlief ich vielleicht ein, ich war damals schon eine Nachteule.

„Liebe Dadà, ich habe dich lieb, du bist meine Lieblingspuppe, du bist immer meine Lieblingspuppe gewesen, und du wirst immer meine Lieblingspuppe bleiben, ich werde dich um Rat bitten, dir werde ich von Sachen erzählen, die ich nicht einmal meinen Eltern erzählen kann. Du bist meine beste Freundin, und tu nicht so, als wärst du eine Puppe, du kannst mich sehr gut verstehen!!!"

(28. September 1993, 5. Klasse)

„Meine" Piazza

(...) Die Piazza D'Azeglio ist sicherlich die am nächsten gelegene Piazza, und es ist auch mein Lieblingsort. Ich würde sie weniger als Platz, sondern vielmehr als großen Garten bezeichnen, einen ruhigen und heiteren Garten. (...) Es ist ein Ort mit ganz vielen kleinen ruhigen Wegen im Schatten der Bäume. Wenn ich dort entlangfahre, sehe ich immer Jugendliche, aber auch ältere Leute, die auf den Bänken in der Sonne sitzen und schwatzen; ganze Scharen von Hunden, die miteinander streiten und spielen; Muttis, die ihren Kindern beim Spielen zusehen. Es macht mir Spaß, die Leute, denen ich begegne, zu betrachten, oft sind es meine Freunde, wie Ippolita und Sibilla. Mit ihnen gehe ich spazieren, quatsche ich, rutsche ich, und wir erzählen uns Witze.

Dort bin ich groß geworden, dorthin ging ich schon, als ich noch klein war, mit meinen Eltern, die mich zu Tode langweilten, indem sie mich im Kinderwagen schoben; jetzt stelle ich dagegen fest, daß ich dasselbe mit meinem kleinen Cousin Giovanni mache. Früher war es mein Langweilpark, und jetzt ist es mein Lieblingsspielpark.

Die Piazza D'Azeglio ist „meine" Piazza, sie ist mein Zuhause, sie ist eine Welt in einem Garten.

(27. April 1993, 4. Klasse)

Eine Blamage

Es war an einem der ersten Tage in der Mittelschule: Ich war noch nicht mit den Mitschülern vertraut und kannte die Lehrerinnen nicht gut, ich fühlte mich ziemlich unsicher und ein wenig verlegen. So war meine Lage an jenem Wintermorgen, während die Signora Colaierà, die Mathematiklehrerin, die Schüler abfragte.

Plötzlich, als ich es am wenigsten erwartete, hörte ich ihre laute Stimme, die ruhig sagte: „Sturiale".

Und meine Muskeln verkrampften sich, die Klasse verschwand plötzlich aus meinem Kopf, der Stift fiel mir aus der Hand!

„Was für eine übertriebene Reaktion!", dachte ich, „ich muß ruhig bleiben! Im Grunde hat sie mir ja noch gar nichts so Erschreckendes gesagt!!"

Die Lehrerin wartete nicht, daß ich mich beruhigte, sondern fragte mich, was der „Quotient" sei.

Im ersten Augenblick dachte ich: „Das weiß ich!!" und wollte antworten. Aber als ich versuchte den Mund aufzumachen, verflüchtigte sich alles, was ich wußte, ich fühlte in mir eine absolute Leere, als ob in meinem Kopf ein abgrundtiefes Loch entstanden wäre, und die Antwort, die ich geben sollte, dort hineingefallen wäre.

Meine Mitschüler hatten plötzlich mit dem Radau aufgehört, waren erstarrt, und hatten ihre Blicke auf mich gerichtet. Alle warteten darauf, daß ich was sage. Ich wußte nicht mehr, was ich tun sollte, ich bekam den Mund einfach nicht auf.

Also ließ die Lehrerin einen Jungen antworten, der die Hand gehoben hatte, wie so viele andere auch.

Erst in diesem Augenblick öffneten sich meine Lippen, und ich antwortete, aber nun war es zu spät!!

„Wie ärgerlich!!", dachte ich, „man dürfte sich nie von Panik ergreifen lassen!!!"

(17. Mai 1995, 6. Klasse)

Ein Lebensjahr, ein Schuljahr

(31. Mai '94 - 31. Mai '95)

Am 31. Mai des vergangenen Jahres habe ich in der Schule angefangen, mir Sorgen über die Abschlußprüfung der 5. Klasse zu machen.

Am 31. Mai 1995 sind die Ferien mein einziger Gedanke!

Die Zeit seit dem letzten Jahr ist schnell vergangen, und ich habe es beinahe nicht einmal gemerkt: Tja!

In Wirklichkeit sind in diesem Jahr, wenn ich richtig nachdenke, so viele Dinge passiert, und andere haben sich vollkommen verändert.

Vielleicht habe auch ich selbst mich in dieser Zeit verändert: Ich bin gewachsen!

Jedes Jahr wächst man ein wenig, aber manchmal passiert es, ohne daß man es merkt.

Dieses Jahr dagegen war die Veränderung fast radikal. Schon die Tatsache, daß sich das schulische Umfeld geändert hat, und somit die Freunde, und somit auch die Lehrerin, wirft alles ein wenig um, denn die Schule macht einen riesigen Teil unseres Lebens aus.

Aber es war nicht nur das, was mich verändert hat. In diesem Jahr sind zwei Sachen passiert, die vielleicht einen großen Einfluß auf mein Wachstum hatten, mich gestärkt haben: Ich habe zwei Operationen hinter mir, eine kurz nach der anderen; ich hatte keine Zeit aufzuatmen, da lag ich schon wieder in einem Operationssaal mit starkem Herzklopfen und einem Tränchen in den Augen.

Vor allem der zweite Eingriff hat mich sehr mitgenommen: Ich mußte einen Monat lang liegen, in einem riesigen Gips vom Bauch bis zu den Fußspitzen; ich lernte für mich, ohne die Klasse, und fühlte mich etwas allein, unnütz und traurig.

Dann hat sich alles aufgelöst, und ich bin überglücklich, daß diese furchtbare Angelegenheit nun ein endgültig abgeschlossenes Kapitel ist.

All das war jedoch eine neue Erfahrung, die mich gelehrt hat, mir Mut zu machen, und gegen jede Schwierigkeit anzukämpfen, wenn man glücklich sein will.

Wenn ich jetzt an die Alice vom 31. Mai 1994 denke, stelle ich fest, daß ich nicht mehr sie bin, sondern eine etwas größere, vielleicht erwachsenere Alice.

Ich glaube jetzt, daß ich vor einer Prüfung der fünften Klasse weniger Angst hätte und auch ruhiger wäre, wenn ich meine Schulkameraden verlassen müßte, um in einen neuen Lebensabschnitt einzutreten. (...)

Ich habe schöne Erinnerungen an die vergangenen Sommerferien, und ich wünsche mir, daß die, die mich erwarten, genauso lustig und glücklich werden, auch weil ich Lust habe, mich zu erholen.

Im vergangenen Jahr sind wir für gut drei Wochen nach Frankreich gefahren.

In der ersten Woche haben wir mit unseren Cousins ein Boot gemietet und sind tagelang über die Sarthe gefahren, einen wunderbaren französischen Fluß.

Ab und zu hielten wir in irgendeinem kleinen verlassenen Dorf um einzukaufen, legten an einem kleinen, halb verfallenen Steg an, und das Holz knarrte unter unseren Füßen. Wir berührten festen Boden und fühlten uns wie Piraten auf der Suche nach Abenteuern. Es war wundervoll!

Dann, um den September herum, begann ich, mir Gedanken um die Mittelschule zu machen, die uns die Lehrerinnen als „Hölle auf Erden" beschrieben hatten.

Eine Furcht, die jedoch sofort verschwand, kaum daß ich die neue Klasse mit den neuen Mitschülern betreten hatte.

(31. Mai 1995, 6. Klasse)

Diesmal hatte ich besonderes Glück...
oder Pech

Ich würde nicht behaupten, daß ich jemals besonderes Glück oder besonderes Pech gehabt hätte! Vielleicht sage ich das auch, weil ich nie gedacht habe, daß die schönen oder schlechten Dinge, die passieren, vom Glück eines Menschen abhängen.

Diesen Sommer jedoch ist mir etwas passiert, das beinahe meine Meinung geändert hat. In dieser Angelegenheit hatte ich Glück und Pech zugleich!

Ich hatte auf einem Flugblatt gelesen, daß an einem

Abend auf der Piazza S. Ambrogio eine Art Wettkampf stattfinden würde: die Teilnehmer sollten ihre *rifico-lona *)* mitbringen (natürlich von jedem der Wettbewerber zu Hause fertiggestellt), und wer die schönste bringen würde, sollte gewinnen und seine Trophäe auch bei der „festa della rificolona" am 8. September tragen. Die Teilnehmer durften nicht älter als dreizehn Jahre alt sein.

Da habe ich mich erinnert, daß auf dem Speicher unseres Hauses noch eine alte rificolona liegen müßte, die ich einige Jahre zuvor gebastelt hatte, und die, soweit ich noch wußte, nicht allzu übel aussah. Also beschloß ich, an dem Wettbewerb teilzunehmen.

Meine rificolona hatte die Form einer Schachtel, und ich hatte sie aus einem Karton gebastelt, um zu verhindern, daß die Kugeln der Pusterohre sie kaputtmachten, dann hatte ich fensterähnliche Öffnungen hineingeschnitten, damit man das Licht im Inneren sehen konnte, und sie wie eine leuchtende Schachtel aussah: Ich war wirklich zufrieden mit meiner Arbeit.

Am Abend des siebten September fand ich mich inmitten einer wirren, lauten und drängelnden Menschenmenge auf der Piazza wieder. Ich konnte jedoch in der Menge Patrizia und Valentina ausmachen, die als Zuschauerinnen gekommen waren. Es gab nicht viele Teilnehmer, aber ich fand, daß ihre rificolone tausend Mal schöner als meine seien. Doch die Jury fand das of-

---

*) Die „rificolona" ist eine Papierlaterne, in der eine Kerze steckt. Der Name kommt von den „fiercolone": So wurden die Frauen genannt, die festlich gekleidet vom Land zu Mariä Geburt nach Florenz kamen und Lampenzylinder mit Kerzen in den Händen hielten.

fensichtlich nicht. So trat nach dem Zug, in dem jeder Teilnehmer seine rificolona hatte zur Schau stellen können, die Vorsitzende des Viertels in die Mitte der Piazza, und sagte mit lauter und feierlicher Stimme, als wenn es sich um eine wichtige Sache handelte:

„Nachdem wir jede Arbeit mit einer gewissen Punktzahl bewertet haben, und nachdem... bla, bla, bla, bla... haben wir... bla, bla, bla. Jetzt können wir bekanntgeben, daß die Siegerin dieses Wettbewerbs... Alice heißt!!"

Es fehlte nicht viel, und ich wäre vor Lachen geplatzt, sie aber fuhr fort:

„Der erste Preis ist", und sie holte tief Luft „ein wunderschönes bordeauxrotes Damenfahrrad und bla, bla, bla..."

Der erste Gedanke, der mir durch den Kopf schoß, war „was für ein Pech!" zu rufen.

Wenn man jedoch alles noch einmal überdachte, so war doch die Hauptsache, daß ich den Wettbewerb gewonnen hatte, und daß ich damit zufrieden war. Und außerdem, das Fahrrad konnte ich immer noch verkaufen!

(15. Oktober 1995, 7. Klasse)

Einsamkeit

Endlich allein
mit mir selbst:
mein Herz
und meine Seele
zusammen
allein in der Leere.
Außerhalb des Lebens,
der Gedanken,
der Probleme,
in einem ewigen Lächeln,
in einer Atmosphäre,
magisch und sanft.
Einsamkeit,
meine Freundin!!!

(24. März 1994, 5. Klasse)

Ich und du

Ich und du
wurden verschieden
geschaffen.
Ich habe meine Fehler
du hast deine Fehler
ich habe meine Ansichten
du hast deine Ansichten.
Es ist nicht deine Schuld
wenn du einen Charakter hast
der mir nicht gefällt!
Du kannst ihn nicht ändern
und ich kann meinen nicht ändern!
Lernen wir also
einander zu akzeptieren
ohne über jede Sache
zu diskutieren
in der wir uns nicht einig sind
denn es ist nichts zu machen:
entweder akzeptierst du meine Art
und ich deine
oder aber der Haß
zertrümmert weiter
brutal
unsere Menschlichkeit.

(Mai 1994, 5. Klasse)

Im Sommer – am „Zwergenwasserfall"

GEFÜHLE

Akrostichon)*

Wald der
Liebe, ein
Funkenschlag aus
Küssen, der
unseren Herzen huldigt

Freude an einem
vergoldeten Gefühl, das
meine Seele
vor Freude
springen läßt

Liebes-
Mythos
Meer der Güte
Magie meines Herzens
Meine Liebe für immer

(13. Februar 1992, 3. Klasse)

Da hatte ich große Angst

Eines Tages, während ich Hausaufgaben machte, sagte Papa zu mir: „Alice, weißt du vielleicht, wo Mama ist? Denn ich habe schon überall angerufen, wo sie sein könnte!" Ich antwortete ihm, daß ich nichts wüßte, und habe ihm nicht gesagt, daß ich große Angst hatte. Ich machte mir auch große Sorgen, weil ich nicht wußte, was ihr zugestoßen war.

Ich fühlte mich einsam, ein wenig traurig, und nicht besonders in Form, besorgt, mein Herz war wie vereist, und ich konnte es nicht erwarten, sie wiederzusehen.

(27. Februar 1991, 2. Klasse)

Muttertag

Mama, ich möchte dir meine Liebe schenken oder die schönste Gabe, die es auf der Erde gibt. Ich will dir danken und dich mehr als alles andere auf der Welt lieben, denn ich habe dich sehr lieb, Mama.

---

*) (Seite 95:) Ein Akrostichon ist ein Gedicht, bei dem die Anfangsbuchstaben der einzelnen Zeilen ananeinandergereiht ein Wort, einen Namen oder Satz ergeben. Im Original ergeben die Anfangsbuchstaben „BABBO" (Papa), „PADRE" (Vater) und „MAMMA" (Mama).

Gedicht für Mama

Mama, du bist lieb und schön wie ein Stern.
Du bist fleißig und denkst jederzeit an mich,
du bist geduldig, und wenn du nicht da bist,
spürt mein Herz doch deine Nähe.

(12. Mai 1991, 2. Klasse)

Liebe Mama

Niemand weiß, wieviel Schmerz ich empfinde, wenn meine Mama meine Gefühle nicht versteht.

Niemand weiß, wie wichtig Mamas Nähe für mich ist.

Niemand weiß, welche Liebe mich mit Mama verbindet, auch wenn mir oft klar wird, daß ich ihr meine Gefühle nicht genug gezeigt habe.

Niemand weiß, wie groß die Liebe ist, die Mama mir gegenüber empfindet, wie die Sonne die Erde erwärmt, so erwärmt Mamas Liebe mein Herz.

Niemand weiß, daß für mich die mütterliche Nähe so wichtig ist, wie es die Wurzeln für eine Pflanze sind.

„Danke, Mama."

Deine Alice

(8. Mai 1992, 3. Klasse)

Ich möchte, daß...

Ich möchte, daß auf der Welt Frieden
und Freude in Ewigkeit herrschen.
Ich möchte die traurigen Dinge,
die es auf der Welt gibt,
weder hören noch sehen.
Ich möchte, daß alle sich lieben.
Ich möchte die ganze Welt erinnern
an das Wort des Herrn, das wir vergessen.
Ich möchte leben,
ohne mich gegen die Schmerzen aufzulehnen,
um Frieden zu haben.
Ich möchte, daß niemand
die Menschen, die Gott erschaffen hat, von der Welt
nimmt.
Ich möchte euch mehr lieben,
Papa und Mama.
Ich möchte euch verstehen, wenn ihr diskutiert.
Ich möchte immer in Frieden mit euch leben
und euch wünschen, daß ihr euch immer
versteht.
Danke für die Liebe, die ihr mir gegeben habt.

Frohe Ostern, Frieden und Freude.

(Ostern 1992, 3. Klasse)

Wenn Mama mich bitten würde...

Wenn Mama mich um ein Haus bitten würde, wo sie ausruhen könnte, würde ich es ihr auf dem Gipfel eines Berges bauen, in der Nähe eines niedlichen Dörfchens, aber nicht so nahe, daß sie dessen Lärm hören würde. Und ich würde es ihr in einem Wald bauen, so daß sie morgens, wenn sie aufwacht, von dem Licht beschienen wird, das durch die Blätter schimmert und durch das kleine Fenster neben dem Bett fällt. Und ins Schlafzimmer würde ich ein Bett stellen, mit Matratzen aus Daunen und Decken aus Blütenblättern aller Blumen, die die Natur erschaffen hat. Und ich würde einen kleinen Ofen hineinstellen, damit sie sich wärmen kann, wenn es kalt ist, und einen Tisch, mit all dem gedeckt, was sie mag. Und ich würde für Mama ein Zimmer für all ihre Geheimnisse einrichten, in dem ich sie viele, viele Geschenke finden lassen würde.

Ich möchte, daß in der Nähe des Hauses, zwischen den Bäumen des Waldes, ein Baum mit einem Vogelnest steht, so daß die Vögel sie, wenn Mama es möchte, mit einem Lied in den Schlaf singen, außerdem würde ich ihr ein Pferd mit Flügeln schenken, damit sie fliegen kann, wohin sie will. Und, weil ich nicht mehr weiß, was ich noch in das Haus der Träume stellen könnte, würde ich ihr einen Zauberstab geben, so daß sie all ihre Wünsche wahr werden lassen könnte.

Mama, in so einem Haus kannst du mir nicht mehr sagen, daß du müde bist.

(Sommer 1991, 2. Klasse)

Weihnachten

Wir waren zum Weihnachtsfest alle in Pistoia, die ganze Familie in einem Zimmer versammelt; es war der Augenblick, als die Geschenke ausgetauscht wurden, das übliche Durcheinander erinnerte mich an die Weihnachtsfeste der vergangenen Jahre, als ich klein war und nichts anderes tat, als mit meinen Cousins und Cousinen zu spielen, zu scherzen und zu schwatzen; die Wärme jenes Hauses, die Gesellschaft meiner Verwandten, ließen mich die Sehnsucht fühlen, die ich nach Weihnachten gehabt hatte.

Ich setzte mich mit meiner Cousine still neben den Tannenbaum: Er war eher klein und kurz, die bunten Lämpchen schimmerten durch die silbernen Fäden, mit denen er vollgehängt war. Ich sah ihn an und spürte Weihnachten, spürte die Freude, diese Freude, auf die ich das ganze Jahr gewartet hatte.

Ich war glücklich, und ich wollte nicht weggehen, meine Erinnerungen hatten mich eingeholt und ließen mich all die anderen Weihnachtsfeste meines Lebens

wieder durchleben: Der Hall der Stimmen, die sich „Alles Gute" zuriefen, das Rascheln von Geschenkpapier, das zerrissen wird, das herzliche „Dankeschön" der Verwandten sind mir am Weihnachtsfest sehr wichtig.

Es war jedoch an der Zeit aufzubrechen „wie schade!", wir verabschiedeten uns freundschaftlich, ich nahm den freudigen Ausdruck in den Gesichtern meiner Verwandten wahr, denn uns allen sah man das Glück und die Harmonie des Weihnachtsfestes an.

(26. Dezember 1992, 4. Klasse)

Meine Urgroßmutter

(...) Meine Urgroßmutter Maria Carmela ist eine alte Dame, die für ihre zweiundneunzig Jahre einen starken, festen Charakter hat, und man kann sie nur schwer von ihrer Meinung abbringen; zugleich ist sie aber sehr munter wie ein junges Mädchen, lieb, nett und großzügig.

Sie sieht hager aus, hat ganz weißes Haar, das oben auf dem Kopf zu einem Dutt zusammengesteckt ist.

Ihr Gesicht ist faltig und sehr lebendig, sie hat kastanienbraune Augen, eine Stupsnase und einen kleinen Mund.

Sie ist immer schwarz gekleidet, trägt schwarze Strümpfe und ebenfalls schwarze Hausschuhe.

Sie war sehr froh, mich zu sehen, denn ich bin ihre einzige Urenkelin. (...)

(26. April 1992, 3. Klasse)

Mein kleiner Cousin Giovanni

Mein Cousin Giovanni ist erst ein Jahr alt, ein schöner pausbäckiger Junge, er hat ein kleines niedliches Gesicht, leicht mandelförmige Augen und ein Kartoffelnäschen. Was mir am meisten gefällt, ist sein Lächeln; wenn er den Mund aufmacht, schauen vier Zähnchen heraus, zwei oben und zwei unten. Dieser Gesichtsausdruck ist sympathisch, und ich würde auch sagen, drollig. Und jedesmal, wenn ich ihn sehe, entdecke ich eine weitere Veränderung, denn, wie man weiß, wachsen kleine Kinder schnell.

(Sommer 1993, zwischen der 4. und 5. Klasse)

Großmutter

Ich und meine Großmutter Tetta stehen uns sehr nah. Ich bin sehr vertraut mit ihr, und sie ist für mich so etwas wie eine Schwester. Tetta ist nicht ihr richtiger Name, sie heißt Laura, aber da ich sie, als ich kleiner war, so gerufen habe, habe ich mich daran gewöhnt. Sie hat ein gewisses Alter, aber für mich ist sie noch ein munteres, heiteres und sympathisches Mädchen. Sie hat ein ziemlich faltiges Gesicht, aber für mich ist sie immer schön, auch mit Brille. Ich hänge sehr an ihr: Ihr erzähle ich alles, was ich den anderen nicht erzählen will, alle Geheimnisse, die sie treu für sich behält, ihr schütte ich mein Herz aus. Ich liebe Großmutter sehr, und ich fühle, daß auch sie mir alles gibt, was sie mir geben kann.

Wenn sie in meiner Nähe ist, fühle ich mich in jeder Situation geborgen und sicher, und auch sie fühlt sich wohl in meiner Nähe, wir streiten nie, wir haben vielmehr ein ausgezeichnetes Verhältnis. In ihren etwas gealterten und ehrlichen Augen steht, was sie denkt und was in ihrem Inneren vorgeht.

Gewöhnlich, wenn ich mit jemandem Streit habe, oder wenn ich als kleines Kind nach Mama Sehnsucht hatte, die nicht da war, war Großmutter Tetta immer da, um mich zu trösten, und ich wurde sofort wieder fröhlich.

Großmutter, du bist eine Großmutter mit großem G, mit einem großen Geist und einem großen Herzen, und du zeigst es mir immer mehr.

(April 1993, 4. Klasse)

„Der Himmel war noch nie so weit", von Matteo für Alice

Zia Lucia

Meine Tante hat ein fröhliches Wesen, lebhaft und recht heiter. Ich hänge an ihr, denn sie unterhält mich, sie ist verspielt, aber vor allem bemuttert sie mich ein bißchen, kuschelt mit mir, läßt mich alles machen, was ich will, und verwöhnt mich wie eine Mama. Zia Lucia ist meine Patentante, die Schwester meiner Mama, und ich habe sie sehr lieb, auch wenn sie mich manchmal verrückt, albern und nervig nennt. Zia Lucia ähnelt mir sehr, sie ist blond, hat langes Haar, hellgrüne Augen und ist klein. In diesen Tagen bin ich sehr froh, daß ich sie habe, und ich gehe sie oft besuchen, sie kann nicht aus dem Haus, denn sie erwartet ein Baby, das ein Junge wird, und ich kann kaum erwarten, daß es zur Welt kommt.

(5. Januar 1992, 3. Klasse)

Mein Onkel

Zio Carlo ist ein erwachsener, aber auch noch ein bißchen kindlicher Mensch, er ist nett, lieb, verspielt und vielleicht auch ein bißchen frech, auf jeden Fall ist er ohne Zweifel sehr sympathisch und liebenswert.

Ich habe ihn ausgesucht, weil er der einzige in der Familie ist, mit dem ich spiele, und dem ich mich anvertraue, als wenn er ein enger Freund wäre.

Er hat ein sehr zartes und ausdrucksstarkes Gesicht – hinter kleinen runden Brillengläsern gucken schöne Äuglein hervor, so dunkel wie der Himmel kurz vor einem

Sturzregen – eine leicht kartoffelförmige Nase und schließlich einen kleinen anmutigen Mund. Seine Haare sind oft etwas fettig und ungekämmt. Ich sah ihn fast immer in Jeans, aber seit er seinen Abschluß als Ingenieur gemacht hat, zieht er sich sehr viel eleganter an; ich nenne es „Verkleidung als Ingenieur". Er bekommt jetzt ein Stipendium und arbeitet an der Universität von Pisa.

Er mag Computer sehr, er weiß ausgezeichnet, wie sie funktionieren und bedient werden, und es ist in der Tat schwer, nicht auf dieses Thema zu kommen, wenn man sich mit ihm unterhält, er schafft es sogar, mit seiner Frau darüber zu reden, die nicht einmal weiß, was das ist.

Er ist in allem sehr tolerant und wird fast nie wütend, ja überhaupt niemals.

(12. Februar 1993, 4. Klasse)

Marygold

(...) Ich finde, sie ist ein sehr hübsches Mädchen: sie hat dunkle Haut, tiefschwarzes, kurzes und sehr krauses Haar, eine niedliche Kartoffelnase wie eine Puppe, phantastische, unbeschreibliche Riesenaugen, so schwarz wie ihre Haare, einen kleinen und immer lächelnden Mund: Ihre Zähne sind ganz weiß und schön.

Sie ist zart, sie ist mir sehr sympathisch, und auch ich gefalle ihr, ich habe es sofort erkannt, sie versucht immer, meine Aufmerksamkeit auf sich zu ziehen.

(14. Januar 1994, 5. Klasse)

Ein sehr origineller Kellner

Rocco *) ist ein einfacher Mensch, geistreich und freundlich. Er ist der klassische Typ, der all seine Angelegenheiten und seine Probleme dem erstbesten durch die Straßen ziehenden Marktschreier erzählen würde.

Ich gehe oft bei ihm essen, und er schlägt mir als Zeichen seiner Freundschaft direkt auf die Schulter.

Er bedient die Kunden schnell, plaudert mit allen, wenn er in echtem Florentiner Dialekt mit seinen Verwandten redet, versteht man kein Wort, auch wenn man nur zwei Millimeter von seinem Mund entfernt ist.

Er ist ziemlich hager, hat ein fragendes Gesicht mit grauem Schnauzbart, etwas schütteres Haar und ein Paar schwarze, sehr ausdrucksstarke Augen.

Man kann nicht sagen, daß er sich chic oder elegant anziehen würde, er trägt fast immer eine häßliche braune Weste über einem dunklen Fleece-Hemd und einfache Hosen. Seine Füße stecken in schmutziggrünen Socken und in Schuhen mit schwarzen Schnürsenkeln, die in keiner Weise zu der übrigen Kleidung passen.

Er ist zu allen sehr herzlich, so sehr, daß er mir, wenn meine Mama etwas bei ihm kauft, immer eine „latte alla portoghese", eine Karamelspeise, ausgibt.

Er ist empfindlich und hat oft Angst, Dummheiten zu sagen.

*) Rocco hat einen Imbiß im Mercato di Sant'Ambrogio in Florenz

Er ist etwa fünfzig, aber wirkt fast wie ein Zwanzig-
jähriger, er bewegt sich flink, spricht von geistreichen
Dingen.

(9. Februar 1993, 4. Klasse)

Ein Ausflug nach Badia a Passignano

Vorgestern, am 4. Mai, sind wir mit der Klasse nach
Badia di Passignano gefahren. Wir waren alle 21 da, die
ganze IV B vollständig, noch zügelloser und aufgeregter
als sonst.

Im Bus veranstalteten wir einen Heidenlärm, so daß
die Lehrerinnen sich fragten, wie der Busfahrer es
schaffte, sich auf die Straße zu konzentrieren: Es wurde
gesungen, gequatscht, wir hatten einen Riesenspaß.

Ich saß am Fenster, und während ich sang, konnte ich
das ländliche Panorama genießen: große Grünflächen,
buntgefärbte Felder, vom Rot der Mohnblumen bis zum
Grün des Grases, Weinberge, kleine Wälder, und auf den
Hügeln bildeten die Baumspitzen farblich aufeinander
abgestimmte Verzierungen: das Dunkelgrün der Pinien
und der Tannen, zart wie die der Blumen. An einigen
Stellen ragte ein Grüppchen roter Dächer eines Dorfes
heraus: welch ein wundervoller Anblick!

(...) Da viele von uns gehört hatten, daß in dem Wald
ein Fußballfeld war, wollten wir unbedingt zum Spielen
hin. Es war ein echtes Fußballfeld, ziemlich groß, und es
hatte sogar ein Tor.

Ich habe mich genau oberhalb des Feldes hingesetzt,

mitten im Wald, und habe dort die schönste Zeit des Tages verbracht: Ich war heiter und ausgeglichen, machte mir nicht viele Gedanken und sang vor mich hin und flocht im Licht der Sonnenstrahlen, die durch den Schatten der Bäume sickerten, zusammen mit Phuong Kränze aus Blättern.

(6. Mai 1993, 4. Klasse)

Fest des Kranken

Gestern habe ich gehört, daß es ein „Fest des Kranken" gibt. Andrea und Alessandro haben mich zu einem Fest eingeladen, das die Pfarrei der Piazza Savonarola organisiert. Mama hat sie gefragt, wer gefeiert würde, aber sie konnten es nicht beantworten. Dann haben wir jedoch erfahren, daß die Kranken gefeiert würden. Nun weiß ich nicht, ob Alessandro und Andrea nicht geantwortet haben, weil sie es wirklich nicht wußten, oder aber, weil es ihnen unangenehm war, es mir zu sagen.

Jedenfalls finde ich, daß es das DÄMLICHSTE Fest ist, von dem ich je gehört habe.

Was soll das? Statt dich zu ermutigen, um dieses Problem zu bewältigen, wird so ein Fest veranstaltet, so als wollte man unterstreichen, daß du krank bist? Dann waren da noch die Damen von der U.N.I.T.A.L.S.I *), die die Kranken, die sich überhaupt nicht bewegen kön-

---

*) *Organisation, die Pilgerfahrten für Kranke nach Lourdes und zu anderen Wallfahrtsstätten veranstaltet.*

nen, in diese Ansammlungen von sonderbaren Menschen bringen, statt sie zu Freunden zu begleiten.

(16. Mai 1993, 4. Klasse)

Unsere Generalprobe

Wir sind in der Attika. Einundzwanzig Kinder und die Lehrerin schmelzen in der drückenden Hitze, die hier oben herrscht.

Wir sind wegen der Generalprobe der Komödie, die morgen früh aufgeführt wird, hier. Das Publikum wird aus unseren Eltern bestehen.

In dem größten Durcheinander hört man die Stimme von Maestra Luisa, die verzweifelt versucht, die Kinder zu rufen, die im ersten Akt auftreten. Nach vielen Rufen stehen wir endlich auf der Bühne: Nuto (meine Wenigkeit), Iacopo, Piero, Sandro, usw. usw., in Erwartung anzufangen.

Die anderen Kinder sollten eigentlich einen Aufsatz schreiben, aber sie sehen nicht aus, als wären sie sehr mit ihrer Aufgabe beschäftigt, also übertönen der Lärm und das Durcheinander weiter unsere Stimmen, auch wenn Irene ins Mikrofon spricht.

Dann schweigt sie plötzlich, und es erhebt sich ein lateinischer Gesang. Jetzt wird gesprochen, aber leider kennt nicht jeder seinen Einsatz. Die Lehrerin ist verzweifelt und ruft:

„Wie soll das gehen?! Morgen wird vor den Eltern gespielt, wir haben keine Zeit mehr zum Proben, und ihr wißt immer noch nicht, wann ihr sprechen sollt und kennt eure Einsätze nicht ! Wie soll das gehen, wie soll das gehen?!"

Man hat uns gerade das Mikrofon gebracht und von Zeit zu Zeit hört man Pfiffe und Rufe... Kurzum, wir können nicht weitermachen. Die Lehrerin bringt uns müde und erschüttert in die Klasse zurück.

(1. Juni 1993, 4. Klasse)

Auf der Bühne – an der E.-Capponi-Schule

Es hat sich gelohnt

Wir haben all unsere Kraft hineingesteckt,
und jetzt,
nach zwei Monaten der Anstrengung,
der Müdigkeit,
und nachdem wir soviel geschwitzt haben,
können wir
ein warmes „Danke"
all jenen sagen,
die den Willen hatten,
weiterzumachen in dieser
langen und anstrengenden Arbeit.
Wir sind auf der Bühne,
aber diesmal ist es keine Probe,
wir sind dabei zu rezitieren,
vor einem lieben Publikum,
unseren Eltern.
Der Vorhang ist gefallen,
aber nur kurz,
wir haben kaum die Zeit,
uns zu beruhigen.
Die Aufregung ist groß.
Ich habe meinen ersten Einsatz gehabt, den ersten
in der ganzen Komödie, und nun bin ich ruhig.
Und jetzt,
genau in diesem Augenblick,
in dem ich schreibe, denke ich:
es hat sich gelohnt.

(3. Juni 1993, 4. Klasse)

Die Pfadfinder

Ich bin Mitglied in der A.G.E.S.C.I. (Vereinigung Katholischer Italienischer Pfadfinder), in der Gruppe Firenze IX. Die Gruppe ist je nach Alter in verschiedene Einheiten aufgeteilt.

Ich bin zum Beispiel bei den jüngsten, den Wölflingen, die Teil der „Sippe" sind. Unser Leben spielt sich tatsächlich im Dschungel ab, wir sind ein Wolfsrudel mit denselben Figuren und Gewohnheiten wie die im Dschungelbuch, einem berühmten Buch, nach dem auch einige Filme und Zeichentrickfilme gedreht worden sind.

Über uns ist die Abteilung, deren Aktionen nicht mehr im Dschungel stattfinden, sondern, aus verschiedenen Gründen, bei Indianerstämmen.

Jedes Jahr fahren wir für eine Woche in die Ferien, manchmal auch zusammen mit anderen Einheiten, und ab und zu machen wir einen zweitägigen Ausflug.

Die Aktivitäten der Pfadfinder, denen ich seit zwei Jahren angehöre, machen Spaß, weil sie auf das Spiel Gewicht legen, das Leben an der frischen Luft, das Leben in der Gemeinschaft, mit Gesang, Spielen, Theaterstückchen usw.

In unserer Hauptstelle haben wir ein sehr wichtiges Plakat, unseren Felsen, den wir erklimmen müssen, indem wir uns so viel wie möglich im Leben des Rudels engagieren. Ab und zu berufen wir eine Versammlung ein, den „Felsenrat", bei der jeder von uns durch ein kleines Fähnchen anzeigt, wo er auf dem Weg angelangt ist, der zum Gipfel des Felsens führt, dorthin, wo inzwischen die Älteren angekommen sind. Im Felsenrat muß jeder auch Aufgaben übernehmen, um auf dem Weg weiterzukommen.

Ich weiß nicht, ob ihr schon einmal einen Pfadfinder bei Gruppenaktivitäten gesehen habt. Wir tragen eine Art bunte Krawatte um den Hals: Sie ist das Zeichen dafür, daß wir persönlich vor dem Anführer, Akela, und vor dem ganzen Rudel versprochen haben, immer dem Gesetz der Sippe treu zu sein, das lautet: „Der Wölfling lebt in Fairneß und Freude mit der Sippe zusammen, der Wölfling denkt an die anderen ebenso wie an sich selbst". Es sind genau die Worte des Rudelgesetzes; dann sagt man das „Versprechen" auf: „Ich verspreche, mit der Hilfe und dem Beispiel von Jesus, mein Bestes zu tun, mich zu verbessern, den anderen zu helfen, das Sippengesetz zu respektieren". In diesem Augenblick

Stehen – mit der Hilfe eine Baumes und eines Freundes

legt Akela das „Tuch" (diese „Krawatte", wie ich euch sagte) um den Hals des Wölflings. Dies ist ein großer Schritt auf dem Weg zur Felsspitze.

Das Versprechen wird jedesmal mit etwas verändertem Wortlaut wiederholt, wenn man von einer Gruppe in die nächstältere wechselt.

(15. September 1993, 5. Klasse)

Sippenferien

Es war der dritte Tag der Sippenferien.

Am Morgen, während eines Kreises, kam uns eine kleine Engländerin besuchen, die von einer engen afrikanischen Freundin begleitet wurde. Die beiden waren zwei verkleidete Gruppenleiterinnen.

Die Engländerin erzählt uns verzweifelt ihr Unglück: Ein böses Monster hatte ihren Talisman gestohlen, mit dem sie mit allen Tieren des Dschungels kommunizieren konnte.

Wir zogen freundlicherweise mit einer Landkarte, die sie uns schenkte, und die uns bei der Suche nützlich sein sollte, los, und versprachen den beiden Freundinnen, daß wir bei unserer Rückkehr der kleinen Engländerin den Talisman wiedergeben würden.

Und so machten wir uns mit unseren Rucksäcken auf die Suche nach dem Talisman.

Auf dem Weg stießen wir auf ein Stück morastiges Gelände. Um es zu überwinden, mußten wir eine möglichst lange Liane flechten. Jede Abteilung, also jeweils eine Gruppe von Kindern, machte sich daran, ihre eigene Liane aus Pullovern, Halstüchern, Regenmänteln, Schnürsenkeln, und allem, was sonst ging, zu binden. Einige Zeit später erreichten wir, fast nackt, festen Boden und, nachdem wir uns wieder angezogen hatten, machten wir uns erneut auf den Weg; natürlich war das einer der üblichen Scherze unserer Leiter.

Wir waren lange Zeit unterwegs, waren müde und hungrig, die Rucksäcke wurden uns schwer und... kurzum, wir hielten in einem kleinen ruhigen Wäldchen um zu essen, es war nötig.

Dann, nachdem Durst und Hunger gestillt und wir ausgeruht waren, verlagerten wir uns auf eine nahegelegene große Wiese, um zu singen und zu spielen. Plötzlich, in der vollkommensten Ruhe, platzt uns einer, ganz in Schwarz, mit zwei Hörnern auf dem Kopf, mitten in den Kreis: Ja, natürlich, er war es, er hatte unseren beiden Freundinnen den Talisman geraubt.

Einer unserer Leiter traut sich zu fragen:

„Hast du der kleinen Engländerin den Talisman geraubt? Bist du dieser Monster-Dieb, von dem sie sprach?"

Er antwortete einfach, in römischem Akzent:

„Kann sein."

Und er zog aus seinem schwarzen Mantel DEN TALISMAN hervor.

Wir begannen zu rufen:

„Er ist es, wir wollen ihn wiederhaben!"

Das Monster sagte zu uns, daß wir mindestens eine Prüfung bestehen müßten, wenn wir ihn wiederhaben wollten, um ihm zu beweisen, daß wir in der Lage seien, ihn zu besiegen und so den Talisman wiederzubekommen. Also spielten wir eine Runde Wölflings-Rugby (eine Art Rugby); ich setzte mich in eine Ecke und machte einige Fotos. Diese Prüfung hatten wir bestanden.

Doch der Mini-Stier, denn so nannte er sich, hatte trotz der bestandenen Prüfung nicht die Absicht, uns diesen geheiligten Talisman wiederzugeben, und spielte uns einen weiteren Streich:

„Gut!" sagte er, „jetzt könnt ihr euch den Talisman wiederholen, wenn ihr ihn findet, aber der Weg dorthin ist vergiftet." Und er ging fort.

Wir machten uns auf den Weg, in der Hoffnung, nicht vergiftet zu werden, holten den Talisman, und kehrten müde nach Hause zurück, gaben den Talisman der kleinen Engländerin wieder, die uns mit huldigenden und glücklichen Dankesworten überhäufte.

(30. Juli 1993)

Eine Nacht mit der Sippe...

Es war eine sternenklare Nacht, wir erholten uns, müde von einem ziemlich anstrengenden Tag, als man plötzlich eine Art Brüllen und einen entsetzten Schrei vernahm. Lichter gehen an, alle springen aus den Betten, binden sich die Tücher um den Hals, ziehen sich Schuhe an, schlüpfen in ihre Jacken und gehen hinaus.

Wenn ihr wüßtet, wie hundekalt es war! Nur der Pyjama und die Windjacke schützten uns vor der Kälte.

Dieses Brüllen war von einem Monster ausgestoßen worden, das einen unserer Sippenbrüder, Giulio, geraubt hatte, und wir mußten ihn retten, indem wir das Monster besiegten. So machten wir uns auf den Weg, und folgten auf einem Pfad riesigen Fußstapfen. Unterwegs trafen wir eine Fee, die jedem von uns ein kleines Zauberlicht gab, das einzige Werkzeug, das unseren Freund würde retten können.

Schließlich fanden wir das Monster, das davoneilte, und Giulio freiließ. Mission erfüllt!

Ihr könnt euch nicht vorstellen, wie lustig es gewesen ist.

(Februar 1993, 4. Klasse)

Jagd

„Als die junge Sonne
stieg hoch empor
erblickte sie ein Schauspiel
und ihr Herz verlor."

Wir sangen, während wir mit fröhlichen Gemütern in einer Reihe über eine ruhige sonnenbeschienene Straße liefen, von der ersten Frühlingswärme angetrieben und gestärkt.

Wir waren recht wenige, nur die ältesten aus dem Rudel.

Ich freute mich, eine Pfadfinderin zu sein, Teil einer vereinten Gruppe „wahrer Freunde", und eine unbekannte, lange, geteerte Straße entlangzulaufen, die durch einen kleinen Wald schlängelte. Und ich war froh, an diesem Tag zu leben, der ein einzigartiges schönes Abenteuer sein würde, und das nur wir kennenlernen würden.

Inzwischen liefen wir seit etwa einer Stunde, wir waren jetzt im Schatten, die letzten trockenen Blätter knisterten unter unseren Stiefeln (bei mir unter den Rädern).

Meine Mama hatte mir verschiedene lustige Geschichten erzählt, die sie mit ihren Freunden bei den Pfadfindern erlebt hatte, und ich dachte „Wie wundervoll!!" und empfand ein seltsames Gefühl, das ich bedauerlicherweise nicht beschreiben kann.

Und jetzt hatte ich dasselbe Gefühl, aber viel stärker.

Nach einem langen Marsch sind wir an einer Villa angekommen: Man geht durch einen Säulengang, man läuft über eine kleine Straße, die in ein Gärtchen mündet, dann trifft man auf zwei Plätze, einen rechts und einen links, und vorne eine kleine Kirche.

Man riecht den Duft von frischgemähtem Gras, ich folge ihm bis zum Garten und... wobei ich mich über das Mäuerchen beuge:

„Welch ein Schauspiel!!!" Man konnte einen großen Blätterteppich, einige kahle Bäume, und, weiter oben die Hügel sehen, und eine strahlende Sonne beleuchtete sie.

„Freizeit!!!" hörte ich rufen.

Ich gehe mit einigen Mädchen zum Platz, wir trinken, ruhen uns aus, legen die Rucksäcke ab, die uns den

Rücken brechen und... wow!! Camilla hat getrocknete Äpfel mitgebracht, lecker!!

Die Sonne geht weg, schade! Es war wunderschön!!

Ja!! aber es läuft immer so, man bricht bei Sonnenschein auf und landet schließlich in schlechtem Wetter, aber... es regnet ja wirklich!! Das hatte ich wirklich nicht erwartet!!

Wir laufen, nehmen unsere Rucksäcke, bringen alles raketenschnell in Ordnung, und... nichts wie weg!!! Schnell in die Säulengänge!!

Wir bilden einen Kreis: Es ist auch im Regen schön!!

Es wäre etwas lang, vom ganzen Tag zu berichten, aber zusammenfassend kann ich sagen, daß es phantastisch war, und mit dem Regen ist es sogar besser, denn es ist „abenteuerlicher", und weil ich mich sehr gerne vor schlechtem Wetter verstecke, vor allem wenn man mit Freunden zusammen ist!!

Aber im Grunde ist es immer dasselbe. Auch wenn das Wetter schlecht ist, auch wenn man etwas müde ist, man etwas Kopfweh hat, es tut einem leid, wenn die Eltern uns nach einem so wundervollen Tag abholen!

(1. März 1994, 6. Klasse)

Superkongreß '94

Sonntag, 8. Mai 1994.

Gestern konnte man auf den Wiesen von Loppiano eine kleine Verwirklichung der „vereinten Welt" sehen.

In Loppiano haben wir uns zwischen viertausend entfesselten und aufgeregten Menschen einige Kappen gekauft, in verschiedenen Farben, je nach den Aktivitäten, die wir an dem Tag ausführen wollten.

Unter der sengenden Sonne haben wir uns zu einem Amphitheater begeben: Wir fühlten uns winzig klein, in diesem Meer bunter Kappen, die bewegt und in die Luft geworfen wurden; die Musik dröhnte in unseren Köpfen, „...die Einheit ist keine Utopie, die vereinte Welt fängt bei mir zu Hause an..." sangen die Kinder aus voller Kehle, die Gen-3, also die dritte Generation.

Nach den Liedern, Tänzen und Aufführungen haben wir begriffen, daß es sehr, sehr schwierig ist, eine vereinte Welt aufzubauen: Man muß gegen den Strom schwimmen, die Ideen auf der Welt revolutionieren, und wie bei einem Puzzle die „Vereinten Staaten der Welt" zusammenlegen.

Eine Messe für alle zusammen, einzigartig, eine Kommunion, die die Einheit der Erde unter der Liebe Gottes symbolisierte, und neun Priester, die die Beichte abnahmen. Ende des Gottesdienstes, Mittagessen im Freien. Wir haben beschlossen, daß von nun an die Maestra Gaetana Klassenköchin sein soll.

An unseren orangenen Kappen konnte man erkennen, daß wir in der „Videoclip"-Gruppe waren, also... alle zum Saal B!!

Mattes Licht, eine tierische Hitze, Schweißgeruch, und wir, wie Grillwürstchen in der Menge eingequetscht, bei dem Versuch uns einige pathetische Videoclips anderer Schulen anzusehen: welche Enttäuschung!!

Wir sind im wahrsten Sinne des Wortes aus diesem Inferno geflüchtet und zu der Zeitungsausstellung gegangen, wo die schriftlichen Arbeiten der Schulen ausgestellt wurden.

In dem Sträßchen neben der Wiese stand ein riesiger Lkw, und Jungen und Mädchen luden viele Pakete auf. Was enthielten sie? Schuhe, Schreibmaterial, Hygieneartikel für den persönlichen Bedarf und für den Haushalt. Es waren alles Sachen, die am Abend nach Kroatien gebracht werden sollten, zu Menschen, die sie brauchten.

Einige von uns haben mitgeholfen, als sie die armen, verschwitzten und müden Jungs und Mädchen sahen, und am Ende des Tages war der Lkw zur Abreise bereit. Nach so einem Tag war etwas Unterhaltung nötig (und ein Eis), also: ein schönes Fußballspiel mit Kindern aus den anderen Städten.

Unterdessen erwarteten uns im Amphitheater bosnische Kinder, die uns dann von den schrecklichen Erfahrungen erzählten, die sie im Krieg gemacht hatten.

Nach weiteren kleinen Aufführungen noch zwei Minuten Freizeit, und dann... los ging's nach Hause: müde, aber in der Hoffnung, wirklich eine vereinte Welt realisieren zu können.

(9. Mai 1994, 5. Klasse)

Don Benedetto

Er ist ein Mönch, den ich dieses Jahr Weihnachten in Camaldoli kennengelernt habe.

Er sah fast wie ein Gemälde aus.

Ich habe ihn im Gottesdienst gesehen, als er mit anderen weißgekleideten Mönchen sang.

Seine Haare waren ebenso weiß wie sein Bart, auch wenn sie nur einen kleinen Kranz um seinen Kopf bildeten, er hatte wunderschöne blaue Augen und immer ein sanftes Lächeln auf den Lippen.

Sein Bart war ziemlich lang, schneeweiß, und als ich ihn anfassen durfte, stellte ich fest, daß er borstig und dicht war.

Auch er trug eine weiße Tunika, die ihm bis zu den Füßen reichte und seine Schuhe bedeckte, ganz weite Ärmel, die die Hüften berührten und eine spitze Kapuze, die auf seinen Schultern lag.

Don Benedetto, das ist sein Name.

An der Wand hinter ihm befand sich ein Fresko, das einen anderen „Don Benedetto" zeigte: er war ihm unheimlich ähnlich!: weißer Bart, blaue Augen und weiße Tunika.

Er hat ein fröhliches und heiteres Gemüt.

Die verschneite Umgebung, weiß wie Don Benedetto, war nichts anderes als ein Rahmen für dieses reale Bild.

(28. Dezember 1993, 4. Klasse)

Ein Freund, der mir besonders lieb ist

Wir kennen uns seit vielen Jahren, vielleicht haben wir uns sogar schon kurz nach der Geburt gesehen, da unsere Eltern seit langem befreundet sind.

Lorenzo, so heißt er, auch wenn wir ihn immer Lorenzino genannt haben: vielleicht, weil – als wir klein waren und darum wetteiferten, wer größer war – ich gewann. In Wirklichkeit ist er nur einige Monate jünger als ich.

Er war immer schon schüchtern, aber ganz lieb und niedlich.

Vielleicht ist es gerade wegen seiner Schüchternheit, daß er mir gefällt: Ich schätze viel mehr das Kompliment einer Person, die nie etwas sagt, als das einer, die mich ständig lobt.

Ich kann mich erinnern, daß er, als wir gerade drei Jahre alt waren, mein „Verlobter" war. Einmal schenkte er mir einen gewundenen Ring, den ich seit jenem Tag am Finger trage. Tja... erst trug ich ihn am Mittelfinger, und jetzt am kleinen Finger, und ich werde ihn niemals ablegen: Es ist mein liebstes Schmuckstück, weil er es mir geschenkt hat.

Wir sind gerne zusammen, und wir haben immer dafür gekämpft, daß sich diese Nervensäge von seiner Schwester nicht in unsere Spiele einmischte.[*]

---

[*] *In Wahrheit sind Alice und Lucia N. die besten Freundinnen, halten zusammen, weil sie Mädchen sind, ohne daß die alte Freundschaft zu Lorenzo darunter leiden würde*

Um die Wahrheit zu sagen, so ist Lorenzo nicht sehr schön, aber niedlich, und die Tatsache, daß er mir sympathisch ist, macht ihn viel hübscher; er ist nicht sehr groß und eher dünn.

Er hat dunkles, kurzes und glattes Haar, die Augen sind schwarz, seine Nase etwas platt, der Mund klein mit wulstigen Lippen.

Er legt keinen Wert darauf zu gefallen: Er zieht sich ganz gewöhnlich an, er ist immer ungekämmt, aber er ist... so sanft.

Er hat sich sehr verändert seit der Zeit, als er zwei oder drei Jahre alt war, aber es gibt etwas, worin er nicht erwachsener geworden ist: Als wir beide klein waren, glaubten wir an Gespenster, an Hexen, an Zauberinnen, an Gnome, an den Weihnachtsmann, an die Befana*) und an die kleine Maus, die den herausgefallenen Zahn mitnahm und Geld liegenließ.

Wir verbrachten ganze Abende damit, von diesen Dingen zu sprechen, phantasierten und überlegten, wie man es anstellen könnte, Hexen zu vernichten. Jetzt sind wir beide zehn Jahre alt: Ich glaube nicht mehr an diese Dinge, er interessiert sich dagegen noch sehr dafür, und die wenigen Male, die wir uns treffen, nimmt er mich mit in sein Zimmer und fragt mich nach den letzten Neuigkeiten über Gespenster, die ich gesehen habe, aus.

Ich habe sehr viel Vertrauen zu Lori, er etwas weniger mir gegenüber, aber das ist nicht so wichtig: Was

---

*) Eine alte Hexe, die am 6. Januar den Kindern Geschenke bringt

zählt, ist, daß wir beide uns nie trennen werden und immer echte alte Freunde bleiben werden!!

(17. Februar 1994, 5. Klasse)

Alltagsgespräche unter Freunden

Vielleicht sind es gerade die langen Lachanfälle, diese blöden Witze unter Freunden, die dich an einem langen Tag aufmuntern. Doch, wie man sagt, „in der Kürze liegt die Würze". Die ersten Plaudereien unter Freundinnen sind unterhaltsam, auch beim zweiten Mal machen sie dir Spaß, aber nach einem Jahr, in dem du mit denselben Personen über dieselben Dinge redest, wird es dir langweilig.

In letzter Zeit habe ich mir eine Frage gestellt, die ich nie beantwortet habe: Seit dem Anfang der 5. Klasse, sprechen die Freunde untereinander nur über diese Themen: Die Jungs reden über Fußball, die Mädchen spekulieren weiter über mögliche Liebschaften zwischen Schulkameraden. Warum? Ich meine, es ist vielleicht das Alter. Das schließe ich aus der Tatsache, daß alle Kinder in meinem Alter diese Themen anderen vorziehen.

Ich bin zu folgendem Schluß gekommen: Jedes Alter hat sein Thema.

Während der Pause setze ich mich mit einigen meiner Klassenkameradinnen auf eine Bank, und der erste Satz lautet immer so ähnlich wie dieser:

„Hey!! Meinst du, Tizio gefällt Caio?"

Was drängt uns, von diesen Dingen zu sprechen? Ich kann dieses Thema nicht leiden, aber irgend etwas zwingt uns, darüber zu reden.

Wenn die Unterhaltung mit Freunden so ist, dann zieht sie deine Laune runter, statt dich aufzuheitern.

Da ich unausweichlich dazu verdammt bin, mit denselben Personen zusammenzusein und von denselben Sachen zu sprechen, meine ich, daß ich etwas Positives finden muß, damit die Plauderei wieder etwas Angenehmes wird.

Ich habe es gefunden: In diesem Fall soll mir nicht das Thema gefallen, sondern das Zusammensein mit den anderen.

Ich unterhalte mich immer mit den Mädchen, vor allem mit einigen, die mir besonders sympathisch sind. Ich bin gerne mit ihnen zusammen, wenn ich mich aber an einen Jungentisch setze, habe ich Spaß: Es mag seltsam erscheinen, aber, wenn man so recht darüber nachdenkt... „die Welt ist schön, weil sie so vielfältig ist".

(1. Februar 1994, 5. Klasse)

Dieser Gedanke kreiste in meinem Kopf und trübte mein Glück

Man sagt, daß Kinder sich keine Gedanken machen, immer glücklich leben, und das Leben genießen können, bis sie erwachsen werden, dann würden sie von Sorgen gequält. Aber aus meiner Erfahrung weiß ich, daß das überhaupt nicht wahr ist... Mag sein, daß Erwachsene mehr Sachen haben, an die sie denken müssen, aber auch wir Kinder haben unsere Gedanken, und es sind nicht wenige.

Sehr oft kommt es vor, daß wir wundervolle Momente erleben, wir haben alles, was wir wollen (und für ein Kind braucht es nicht viel), aber... da ist dieser Gedanke, der uns quält, der sich in den Kopf bohrt und uns die ganze Freude trübt. Das ist dann ein tragischer Augenblick, man verspürt... Wut: Wie schade, daß man die schönen Momente nicht genießen kann! Ich erinnere mich, daß ich einmal auf einem Klassenausflug war: mit meiner besten Freundin bei einem wundervollen Sonnenschein, vor einem tollen Panorama auf der grünsten Wiese der Welt, ohne, daß mich jemand ärgerte: Ich war glücklich, ein „perfekter" Augenblick, ich empfand eine Wärme, die mich „überflutete".

So habe ich stundenlang in diesem Zustand verharrt, und... BUMM, plötzlich, wie ein Schlag in den Magen, kommt mir der verdammte Gedanke an die Musikprüfung in den Sinn: Ob sie wohl gutgehen wird? Würde ich mich lächerlich machen? Würde ich es schaffen, alle Lieder gut einzustudieren?

Alles Sorgen, die mich vor allem in jenem Augenblick zermürbten: Die ganze Freude war verschwunden, und außerdem war ich auf mich selbst wütend. Ich sagte mir: „Alice, mach dir keine Sorgen, zumindest nicht jetzt, genieß diesen Tag, wie er es verdient, denn es ist eine Gelegenheit, wirklich glücklich zu sein!!". Aber nichts da: Jetzt, da es mir eingefallen war, war ich verdammt, an die Prüfung zu denken, und an nichts anderes.

Jetzt mußte ich mich nur auf etwas anderes konzentrieren, doch das war sehr schwer.

Ich wollte nur wieder heiter und glücklich werden. Eine Möglichkeit war, mit einer Freundin, mit Phuong, zu reden. Das tat ich, und der Gedanke an die Prüfung verschwand wie ein besiegter Freund, und es ging mir wieder gut.

Nichts mehr konnte mich stören, und schließlich konnte ich den Ausflug genießen.

Ich habe versucht zu beschreiben, was man empfindet, wenn man einen miesen Gedanken im Kopf hat.

Sollte mir das nicht gelungen sein, so wollte ich damit sagen, daß eine ganz banale Sorge ausreicht, auch uns Kindern einen schönen Tag zu verderben!! (Leider).

(12. Mai 1994, 5. Klasse)

Die Musikprobe. Applaus auch von der Lehrerin Giordana

Auf Wiedersehen Phuong

Die fünf Jahre zusammen mit Phuong[*] sind sehr schnell vergangen, und in den ganzen fünf Jahren war sie meine Herzensfreundin. Aber nun ist sie weit weggegangen, nach Melbourne (Australien), und ich fühle sie allzu sehr von mir fortgerissen. Es ist, als wäre ein Teil meiner Seele fortgegangen.

Andererseits kann ich mich nur trösten: Dort drüben hat sie Verwandte, ein schöneres Haus, und ihre Eltern haben Arbeit. Und das ist es, was mich ein wenig aufmuntert. Sie ist ein sehr süßes Mädchen, lieb und großzügig, sie hat mir immer in jeder Lage geholfen, ohne jemals zu zögern oder etwas zu beanstanden.

Eins hat mir an ihrer Art besonders gut gefallen: Sie war immer mit allem einverstanden: War es so? für sie war es okay; War es anders? dann war es auch okay!! Ich dagegen war viel kämpferischer, ich gebe es zu.

Sie ist ein sehr schüchternes Mädchen, aber es fiel ihr nicht schwer, sich mit mir anzufreunden, und außerdem habe auch ich sie zu mir hingezogen, weil sie mir sofort wie verrückt gefallen hat.

Ich werde ihr stetes Lächeln nie vergessen, und ihre Heiterkeit, die auch in den tragischsten Augenblicken Trost gab, wird immer wie eine fabelhafte Erinnerung an eine wundervolle Freundschaft in meinem Kopf haften bleiben.

Jedesmal, wenn ich irgendein Problem hatte oder

---

[*] *Es spricht sich „Fu", wie ein zarter Hauch, ein typischer Laut der vietnamesischen Sprache.*

eine schlechte Phase durchlebte, sprach ich mit ihr, immer, und nicht ein einziges Mal kam es vor, daß sie mir nicht einen guten Rat oder ein kleines tröstendes Wort gegeben, oder mir ihr kleines geistreiches und freundschaftliches Lächeln geschenkt hätte, und ich fühlte mich wie neugeboren, und über einem unserer großen Lachanfälle vergaßen wir alles.

Als ich von ihrer plötzlichen Abreise erfuhr, habe ich einen Schlag in der Magengegend verspürt, der mich immer noch schmerzt.

Sie war ruhig, ausgeglichen, und es war sehr schwer, mit ihr zu streiten, denn sie wurde nie wütend. Und auch ich, die ich fünf Jahre lang an ihr klebte, werde vielleicht ein oder zwei Mal mit ihr gestritten haben, und das war's.

Ich kann ihr nicht Lebewohl sagen, denn ich kann nicht einmal akzeptieren, daß sie weggeht. Ich werde sie sicherlich besuchen, auch wenn ich dafür zwei Tage unterwegs sein müßte! Ich kann doch hier nicht so tun, als wenn zwischen uns nichts passiert wäre!! Nein, nein!! Sie ist meine liebste Freundin, und ich will sie nicht verlieren. Nichts wird uns trennen können, denn wir haben uns lieb wie echte Freundinnen. Wenn ich an die Zeit zurückdenke, die wir zusammen verbracht haben, fühle ich mich elend.

Wir zwei haben uns sofort angefreundet, aber wir waren im Wesen und im Verhalten ganz verschieden: Sie hat immer eine freundliche und feine Art gehabt. Sie zog niemals Jeans an, sondern liebte Röckchen und rosa Blusen. Ich war dagegen eher „jungenhaft", wie Phuong sagte: Ich habe es immer als Kompliment verstanden.

und doch gibt es etwas, was uns sofort wie zwei Magneten angezogen hat, doch ich weiß nicht, was.

Die Tatsache, daß sie vietnamesischer Herkunft ist, war für mich vollkommen egal.

Wir redeten immer über... tja! wir hatten kein bestimmtes Thema, aber wir bemerkten mit Freude unsere Unterschiedlichkeit. Phuong war eine ganz positive Bekanntschaft für mich und die ganze Klasse.

Sie hing sehr an ihrer Familie und ihren Freunden, und auch ich verspürte eine besondere Zuneigung für ihre Familie.

Wir haben zusammen einen Urlaub in den Bergen verbracht. Wir hatten ganz viel Spaß: Sie kannte das Gebirge nicht gut, während ich viel Erfahrung damit hatte, und es machte mir Spaß, ihr verschiedene Dinge beizubringen.

Sie ist wirklich ein unheimlich sympathisches Mädchen, das haben wir alle immer gedacht.

Alice und Phuong in ihrer Bank in der 1. Klasse

Sie hatte eine Eigenschaft, von der ich glaube, daß sie typisch für Menschen aus dem Orient ist: Sie konnte sehr gut ihre Gefühle verbergen. Sie hat auch wirklich fast nie geweint. Eines der wenigen Male, als sie es getan hat, war bei ihrer Abreise, im Augenblick, als der Zug losfuhr.

Der ganzen Klasse tat es leid, sie zu verabschieden, in einer Pizzeria, alle zusammen.

Sie hat mir ein Plüschkänguruh geschenkt, und ein Buch, daß ich immer wieder lesen werde, bis mir schlecht wird, und mit dem Känguruh werde ich jede Nacht schlafen, denn ich will sie auch nicht nur für einen Augenblick vergessen.

Jetzt werde ich ihr schreiben.

Ciao, Phuong, meine Freundin, bald werde ich zu dir kommen!!

Ich habe dich lieb.

(15. März 1994, 5. Klasse)

Ein Flug nach Melbourne

Es ist Freitag, der 11. März. Phuong fliegt nach Melbourne.

Morgens um halb sieben stand ich vor ihrer Haustür. Da waren Phuong, ihre Eltern, ihr Brüderchen Thac, Onkel Nhi und einige Freunde. Sie waren alle sehr elegant, aufgeregt und nicht allzu traurig. Phuong war wunderschön, sie hatte sich sogar die Haare geschnitten und sah nicht aus, als täte es ihr sehr leid wegzugehen. Sie hatte

Lust, die Verwandten und den Ort kennenzulernen, an dem sie leben würde. Um 7 Uhr waren wir alle am Hauptbahnhof, und ich bemühte mich, das letzte Stündchen mit meiner besten Freundin zu genießen.

Phuong erklärt mir, daß der Zug gegen 10 am Flughafen von Rom ankommen würde, und... nach 22 Stunden Flug würde sie endlich am Samstag um 10 Uhr morgens in Melbourne ankommen. Und während sie das sagte, lächelte sie wie immer, aber diesmal gezwungener. Ich hielt mit Mühe meine Tränen zurück. Wir sind in eine Bar gegangen, um einen Cappuccino zu trinken und noch ein letztes Mal zusammen zu lachen, denn sie schafft es immer zu lachen. Ich dagegen habe nichts her-

Lächeln und schwimmende Augen: der Moment des Abschieds

untergekriegt, nicht einmal die Lieblings-Chips, die mir Phuong ausgegeben hatte.

Die Stimmung an jenem Morgen war aber auch gar nicht hilfreich: Der Himmel war von grauen Wolken bedeckt, die Luft war kalt, und der Nebel hüllte den ganzen Bahnhof ein, der dunkel und sehr traurig wirkte.

Wir haben das Gepäck genommen und sind Richtung Zug gegangen. Jetzt mußten wir uns endgültig verabschieden: Phuong umarmt mich ganz, ganz fest und lächelt weiter, ich weine und frage mich, wie sie so stark bleiben kann. Ich mache einige Fotos, während sie in den Zug steigen.

Jetzt stehen nur noch der Onkel und seine Freunde neben mir, auch sie weinen, und, als ich durch das Fenster in den Zug schaue, stelle ich fest, daß... ja, auch Phuong hat aufgegeben, sie weint, und auch ihre Mama weint. Der kleine Bruder und der Vater halten dagegen noch stand.

Puff, puff! – der Zug fährt los. Phuong zeigt mir am Fenster, daß ich ihr schreiben soll, und entfernt sich.

(März 1994, 5. Klasse)

Der Augenblick der Trennung ist da

Wir waren immer schon die zügelloseste Klasse in der Schule, und gerade dafür berühmt!!

Ganz viele von uns sind seit acht Jahren befreundet. Seit der Vorschule fühlen wir uns alle als Gruppe, ein Netz, das man nicht zerreißen kann... aber... was geschieht nun? Wir sind am Ende der fünften Klasse, und es sind nur noch wenige Tage, bis unsere Gemeinschaft zerstört wird.

Es scheint uns unmöglich!!

Wieviel Zeit haben wir zusammen verbracht!! Wir haben einander heranwachsen sehen, und jetzt? Tja! Vielleicht können wir uns nicht einmal vorstellen, was danach sein wird.

Ich glaube, daß ich mich wie ein Fisch an Land fühlen werde!

Man kann die Zeit nicht ausradieren, all diese Jahre, unsere ganze Geschichte ist in unseren Herzen und wird für immer dort bleiben.

Natürlich ist es furchtbar daran zu denken, daß von uns nur eine schöne Erinnerung übrigbleiben wird, es ist ein Gedanke, der mir Angst macht, bei dem mir ganz elend wird!! Ich frage mich, was ich ohne diese Klasse sein werde. Für einige Zeit werde ich mich wie eine „halbe Alice" fühlen, ich werde wie ein Auto ohne Motor sein, ja, wenigstens für einige Zeit!

Die Leute sagen mir: „Mach dir keine Sorgen, in der Mittelschule wirst du neue Freunde finden!". Ich zweifle nicht daran, aber Sara, Nicco, Phuong werden nicht mehr da sein: die, die ich als echte Freunde ansehe, und um neue Freundschaften zu schließen, wird es wieder acht Jahre dauern, und außerdem ist meine Klasse für mich unersetzlich.

Man muß sich trösten!! Da ist nichts zu machen. Manche Dinge lassen sich nicht vermeiden, auch wenn sie schlimm sind.

Ich habe Angst, ohne meine Schulfreunde zu sein!!

Angst, eine tierische Angst. Ich werde schrecklich allein sein. Nein, warte, nicht ganz. Giò wird auch mit mir in die Mittelschule gehen, und das tröstet mich sehr.

Manchmal sage ich: „Verflixt!! Warum habe ich mich so an die Freunde gewöhnt?! Es war toll, das stimmt, aber jetzt wird mir klar, daß es auch Nachteile mit sich gebracht hat. Ich kann mich nicht mehr trennen!!".

Der Mythos um diese Klasse zerbricht!! Mir steigen die Tränen hoch. Welch ein Glück hatte ich, so nette Klassenkameraden zu haben. Ich kann mich noch erinnern, wie wir im Kindergarten waren, alle im Kreis auf diesem schönen roten Teppich, und malten; wieviel Zeit ist seitdem vergangen!! Und dennoch waren wir dieselben Freunde!!

Ist all das zu Ende?! Lebewohl euch allen, meine alten Freunde!!

(24. Mai 1994, 5. Klasse)

Liebe Phuong,

ich danke dir sehr für den Brief, den du mir geschrieben hast. Ich freue mich, daß du von unserer Klasse geträumt hast, es bedeutet, daß du sie nicht ganz vergessen hast.

Wie du siehst, schicke ich dir zusammen mit diesem Brief unsere Klassenzeitung, ich bitte dich, lies sie und sage mir dann, was du darüber denkst.

Liebe Phuong, je mehr Zeit vergeht, um so mehr

spüre ich deine Abwesenheit. Was soll man machen? Auch ich habe heute nacht von dir geträumt: Wir waren in der Schule, aber nicht in der Capponi, sondern in einer Schule, die ich noch nie gesehen habe, und du warst bei mir und hast mir geholfen, eine seltsame Zeichnung zu machen, die „Pinienzapfen" hieß, und sie ist uns auch gut gelungen!

In deinem Brief hast du mir gesagt, daß ich alle Adressen aus der Klasse sammeln soll, aber es gibt ein kleines Problem, und zwar die Tatsache, daß die Schule vorbei ist, und da wir alle die Schule wechseln, wird es leider etwas schwierig sein, deine Bitte zu erfüllen, aber wie auch immer, mach dir keine Sorgen: Irgendwie schaffe ich das schon.

Ich habe dir schon mal alles in den Umschlag gesteckt.

Ich habe festgestellt, daß die Prüfung am Ende der 5. Klasse eine Kleinigkeit ist, wenn du sie also noch ablegen mußt, brauchst du dir wirklich nicht viele Sorgen zu machen. Jetzt werde ich mit giovanna (ich konnte das „g" nicht groß schreiben, weil dieser Computer streikt) in die Carducci-Schule gehen.

Die Ferien verbringe ich wirklich auf angenehme Art, ohne das Hausaufgabenheft, und stell dir vor, im September fahre ich vielleicht nach London, mit... Nicco! Und dann fahre ich nach Frankreich, wo wir mit einem Boot über die Loire fahren werden.

Wie geht es mit dem Klavierspielen? Du weißt, daß ich Wert darauf lege, es zu erfahren! Und wie geht es deinen Verwandten? Grüß' sie von mir!

Weißt du, Phuong, ich habe noch einen Cousin bekommen. Er heißt Francesco, er ist hübsch und unheimlich nett. Ich bin sehr glücklich.

Deine Cousine Tao ist wirklich nett, wie du ja auch. Heute früh hat sie mich angerufen, um mich nach meiner Adresse zu fragen, denn sie fährt nach Vietnam in die Ferien und will mir eine Postkarte schicken.

Ciao, Phuong, ich habe dich lieb!!!!!!

(Florenz, 27. Juni 1994)

Briefe an Don Paolo

Lieber Paolo,

diese Ferien waren „Superferien", ich hatte irre viel Spaß, und ich habe eine Menge interessanter Sachen gemacht, unter anderem bin ich mit dir zur Einsiedelei gefahren. Daher kann ich mich nicht beklagen! Nichtsdestotrotz hätte ich gerne den Schulanfang verschoben, aber es stimmt auch, daß ich neugierig war, wie diese Mittelschule denn wohl ist: So auf den ersten Blick ist sie nichts Außergewöhnliches, aber werde ich sie mit der Zeit lieber mögen als die Grundschule: Wer weiß?

Was lustig ist, ist die Tatsache, daß die Lehrer ständig wechseln (in Wirklichkeit sind es nur Lehrerinnen!), aber sie sind alle alt und im Schnitt eher langweilig. Die Klasse ist wirklich außergewöhnlich!!! Alle nett!

Lästig an der Mittelschule ist, daß sie uns viele Hausaufgaben aufgeben, daß man auch samstags Schule hat (und noch dazu fünf Stunden wie an den anderen Tagen), und daß nur zehn Minuten Pause ist. Aber trotzdem fühle ich mich nicht wirklich schlecht: Es ist nur, daß die Schule viel weniger lebendig ist als die Grundschule.

Wenn ich an dich denke, stelle ich mir vor, mit dir dort oben zu sein, mich in deiner Kammer selig zu fühlen und der Natur zu lauschen: An vielen Abenden möchte ich wirklich dort sein, statt hier im Chaos über den Hausaufgaben zu sitzen, und außerdem würde ich gerne ein bißchen mit dir lachen.

Ich schicke dir und Don Carlo viele, viele Grüße und einen ganz, ganz langen Kuß!!!!!!!!!!!!!!!!!

(30. Oktober 1994)

Lieber Paolo,

(...) ich mag die ganzen schönen Sachen, die du mir vom Wald erzählst, so gerne, deine Spaziergänge, die Farben des Schnees, die Tiere, die man hört, und, um die Wahrheit zu sagen, ich wäre gerne bei dir in den Momenten, in denen du die Natur genießt (und auch in den übrigen Momenten!) Hier in der Stadt kann man all diese Dinge nicht sehen, nicht hören, und es ist schwer, sie sich auch nur vorzustellen: nur Kälte, graue und so triste Straßen, Häuser, schwarzer Himmel, ein Panorama, das deprimiert!

Ich kann dir hingegen von anderen Panoramen erzählen, zum Beispiel vom Panorama in meinem Inneren: Ich fühle mich in letzter Zeit ziemlich verändert, in dem Sinne, daß ich ein großes Bedürfnis habe, mit Freunden über vertrauliche Dinge zu reden, und ich tue es wie nie zuvor. Außerdem bete ich viel und achte ziemlich darauf, mit dem Herrn zu wandern...

(15. Januar 1995, seit zwei Tagen hatte Alice wegen der Hüftaus-kugelung Schmerzen)

Lieber Paolo,

(...) was diese Ferien angeht, möchte ich dir eine Sache erzählen: Ich war allein am Strand. Es kam ein Junge in meinem Alter und hat mich gefragt: „Warum bist du so dürr?". Und ich habe ihm respektvoll geantwortet: „Du kannst mich mal!!!". Ich habe ein etwas schlechtes Gewissen, aber es ist mir spontan herausgerutscht.

Dein Grünschnabel

(25. Juni 1995)

Mein Idealfreund

Ich würde gerne jemanden kennenlernen, der sehr originell, weise und geistreich ist: Dies wären die Hauptmerkmale meines Idealfreundes.

Diese Person müßte immer bei mir sein. In jedem Augenblick meines Lebens würde ich jemanden brauchen, der mich ein wenig unterstützt, mir Ratschläge gibt, mich zum Lächeln bringt, wenn ich traurig bin, und mir in Augenblicken hilft, in denen ich in Schwierigkeiten stecke. Ich und diese Person müßten uns wie echte Freunde fühlen: uns wirklich lieben, immer füreinander dasein, um uns gegenseitig zu helfen. Vielleicht hätte ich gerne, daß diese Person ein Junge wäre, denn dadurch, daß sie anders wäre als ich, würde ich ihrer nicht überdrüssig!

Sie müßte etwas Besonderes haben, das sie für mich von anderen unterscheiden würde. Nicht daß sie nur ein Auge oder drei Beine haben müßte, sondern anders in der Art: Zum Beispiel würde mir gefallen, wenn sie sehr lebendig wäre, um mich aufzurichten, wenn ich niedergeschlagen bin, und manchmal wiederum ruhig werden würde, um zu vermeiden, daß ich mich zu sehr aufrege, es würde mir gefallen, daß sie mich verbessert, wenn ich dabei bin, einen Fehler zu machen.

Sie müßte mir immer treu sein, ohne jedoch die anderen zu vernachlässigen: Mir gefallen großzügige Menschen, mit einer freundlichen Art, die selbstverständlich intelligent sind, im richtigen Augenblick scherzen können und ernst bleiben, wenn sie es sein sollen, die immer wissen, wie sie mich glücklich machen können.

Wenn ich noch ein Stündchen hätte, um nachzudenken, dann würde ich vielleicht weitere Merkmale finden, die ich meinem Idealfreund zuschreiben würde, aber wenn ich diese Person wirklich perfekt wiedergeben sollte, dann wären die wichtigsten Dinge, die ich ihrem Charakter hinzufügen müßte: sie müßte immer ein Lächeln auf den Lippen haben, mir immer ihre Geheimnisse anvertrauen, nicht verlogen sein, und ein Instrument spielen können, denn ich mag Musik.

Wahrscheinlich habe ich so eine Person gefunden, und es ist Cami.

(19. Oktober 1994, 6. Klasse)

Eine vereinte Welt,
wie ich sie mir wünsche

Ich stelle mir mehr als eine Milliarde Menschen aus allen Ländern der Welt vor, wie sie miteinander darüber diskutieren, wie man eine vereinte Welt schaffen könnte. Sie sind alle da, sitzen auf einer riesigen grünen Wiese und reden. Die Stimme eines Amerikaners erhebt sich:

„Nun, wenn wir alle vereint sein sollen, dann heißt das nicht, daß ich dieselben Traditionen haben muß wie das Kind, das in einem afrikanischen Stamm lebt, denn ich will meine Traditionen aufrechterhalten! Vereint zu sein bedeutet also nicht, daß alle gleich sind."

Darauf antwortet ein alter Herr aus Afrika:

„Ja, es stimmt, was du sagst! Auch ich möchte mein Leben nicht verändern, indem ich es gegen das der Menschen im Okzident austausche, aber es stimmt auch, daß es hier unten viele gibt, die Hilfe brauchen!!"

Ein Mädchen aus England ergreift das Wort:

„Ich glaube aber, daß auch wir die Stämme brauchen, damit sie uns beibringen, die Natur zu genießen, wie wir es sicherlich allein nicht könnten."

So zogen alle gemeinsam den Schluß:

„Wir müßten uns gegenseitig helfen, ohne aber jemanden zu schädigen: er, der Amerikaner wird sicher die ärmeren Völker unterstützen, ohne jedoch deren Traditionen, ihre Sprache und ihre Religion durcheinanderzubringen."

Eine Französin sagt:

„In Europa wurde eine Gemeinschaft gegründet, die EU, der viele Nationen angehören, die ihren Reichtum mit anderen Ländern teilen. Warum gründen wir nicht eine große EU, der alle Nationen dieser Welt angehören?"

Es erhob sich im Chor die Frage „Warum nicht?!". Eine alte Dame aus Japan sagte:

„Mein Land ist sehr reich, Indien ist dagegen wirtschaftlich gesehen sehr arm: Wir haben viel Geld, die Inder sind sehr reich an Bodenschätzen. Wenn wir unsere Reichtümer teilen, wird es uns gutgehen, und wir werden unser Leben nicht verändern!!"

Ein Italiener spricht:

„Wenn wir vereint sind, wenn es keinen Rassismus gibt, wenn wir uns als gleichberechtigt ansehen und einander respektieren, wenn wir eine einzige große Familie werden und uns gegenseitig wie Brüder lieben, würde es keinen Krieg geben, denn Einheit schafft Kraft."

Und alle zusammen riefen laut:

„Wenn alle Menschen der Erde sich wie eine große Familie lieben würden, könnte uns nichts mehr passieren, lieben wir uns also!!"

Diesen Ausruf konnte man vom Nordpol bis zum Südpol hören, und so nahmen sich alle diese Worte zu Herzen, und von jenem Tag an liebten sie einander, und es gab keine Probleme mehr.

Ich erinnere daran, daß diese Geschichte nur Frucht meiner Phantasie ist. Ich weiß, daß es sehr schwer sein wird, sie wahr werden zu lassen, aber wir könnten es mit Einsatz und Liebe versuchen.

(14. April 1994, 5. Klasse)

Wir „Nichtgehenden"

Menschen, die nicht laufen können und sich im Roll-stuhl fortbewegen, müssen in der Stadt Hindernisse überwinden, an die niemand denkt.

Am häufigsten findet man Gehwege ohne abge-flachte Bordsteine, oder aber zu enge Gehwege und Übergänge, oder noch öfter solche, die von Mofas, Au-tos und Fahrrädern versperrt sind: Alles Hilfsmittel mit Rädern für diejenigen, die auch ohne auskommen.

Die Menschen, die laufen können, finden es darüber hinaus bequemer, ihre Fahrzeuge an Orten abzustellen und zu parken, die den Personen vorbehalten sind, die nicht laufen können.

Dann gibt es viele Stufen und Treppen (ohne Fahr-stühle), denn es scheint, als würden Menschen, die lau-fen können, lieber treppensteigen als eine Rampe zu be-nutzen (die für alle bequemer wäre!).

All diese Hindernisse, die für uns „Nichtgehenden" unmöglich zu überwinden sind, sind in Wirklichkeit auch für alle anderen unbequem.

Einige Beispiele aus Florenz:

18.2.94: Um 8 Uhr 35 stand ich am Ende der Via Borgo Pinti, dort wo sie sich mit dem Viale Matteotti kreuzt; ich überquere die Straße, folge bis zum Schluß dem Zebrastreifen, doch... üble Überraschung! Um auf den Gehweg zu kommen, muß man über einen sehr ho-hen Bordstein, den mein elektrischer Scooter nicht überwinden kann. Nahegelegene Stellen, wo ich auch auf den Gehsteig gelangen könnte, sind von Autos versperrt, und ich komme nicht durch. Um umzukehren und die Straße zu überqueren und einen freien Durchgang zu erreichen, muß ich das Risiko auf mich nehmen, von den Autos, die mit voller Geschwindigkeit rasen, „überrollt" zu werden.

Jeden Tag sind in der Nähe meiner Schule, der Enriquez Capponi, vor dem Istituto Cavour, alle Übergänge von den Mofas der Schüler blockiert.

In der Via della Colonna und in der Via Capponi ist der Gehweg so schmal, daß man nicht einmal zu Fuß durchkommt, darüberhinaus parken noch Autos, Mofas und Fahrräder darauf.
Auf der ganzen Via della Robbia gibt es nicht einen einzigen abgeflachten Bordstein.

Auf der Kreuzung der Via Giusti und der Via Alfieri gibt es weder abgeflachte Bordsteine noch Zebrastreifen.

Einige Kreuzungen, wie die an der Via Mariti und der Via Circondaria, haben nur auf drei Seiten Zebrastreifen, so daß man 40 Meter zurücklegen muß anstatt 10, um von einer Seite auf die andere zu kommen.

Auf dem Parkplatz an der Piazza Savonarola gibt es nur wenige Behindertenplätze, die immer besetzt sind, und es gibt keine Rampen, um von dem Platz herunterzukommen. An der Piazza d'Azeglio gibt es dagegen nur eine.

Fast täglich parken in der Via Cavour Mofas auf dem Radweg oder fahren gar darüber. Es wäre besser, einen Streifen anzulegen, der Mofas vorbehalten wäre, ebenso wie einen Parkplatz für sie, oder zumindest die Mofas dort abzustellen, wo die Autos stehen.

Zwischen der Via Capponi und der Piazza SS. Annunziata gibt es keine Zebrastreifen, und sie zu überqueren ist sehr gefährlich. Die Piazza, wie auch viele andere im Zentrum von Florenz, ist mit Ketten abgesperrt. In den wenigen Durchgängen reihen sich Mofas aneinander oder parken quer. Oder aber die Stadt stellt ein Straßenschild mitten rein und verengt so die offene Lücke.

Am Borgo Pinti stehen die Autos und Mofas auf den sowieso schon engen Gehsteigen, und es können keine Rollstühle (und auch keine Kinderwagen) durch. Dasselbe passiert auch im Viale Matteotti.

An den zwölf Kreuzungen in der Nähe unserer Wohnung, die ich überprüft habe, gibt es nur vier abgeflachte Bordsteine anstelle der 48 (einer an jeder Ecke, das macht 4 an jeder Kreuzung), die ich laut Gesetz hätte finden müssen.

(April 1994, 5. Klasse)

Die Grundschule und die Mittelschule

Die Grundschule war kaum anstrengend, unterhaltsam, also auch angenehm. Während der letzten Monate in der 5. Klasse merkte ich jedoch, wie sich die Dinge etwas veränderten: Die lieben Grundschullehrerinnen sprachen nur noch von der erschreckenden, furchtbaren „MITTELSCHULE"!! Und sie waren etwas strenger und angespannter.

Ich und meine Klassenkameraden machten uns entsetzliche Sorgen. Ich war nie sehr schlecht in der Schule gewesen, doch dieser Wechsel von der Grundschule zur

Mittelschule machte mich nervös: Ich fühlte mich wie eine Fremde in der Schule, in der ich mich sieben Jahre lang so wohlgefühlt hatte. Mehr als alles machte mir eine Sache Sorgen: Ich ohne meine Klassenkameraden! Ich war sieben Jahre lang mit ihnen zusammengewesen, und inzwischen waren wir eins, und meine Lehrerinnen waren jetzt ganz normale Freundinnen. Ich kannte in diesem Gebäude im Viale Matteotti alles in- und auswendig und fühlte mich eng verbunden mit diesen Dingen, diesen Personen. Und jetzt mußte ich alles auswechseln und neu anfangen, eine ganz neue Schule kennenzulernen, an der mir nichts lieb war.

Was habe ich am letzten Schultag geweint! Wie viele innige Umarmungen haben wir untereinander ausgetauscht! Wir haben uns an einige Begebenheiten, Witze und Gesten erinnert, die Teil der Geschichte der Klasse B sind, um – vielleicht zum letzten Mal – gemeinsam darüber zu lachen! (Alles jedoch hier und dort von einem Tränchen begleitet.)

Wenn ich jetzt an jenen Tag zurückdenke, steigen mir Tränen in die Augen.

Eines Tages jedoch, am 14. September '94, fand ich mich im Eingang der Carducci-Schule wieder, der berühmten Mittelschule, die die Leute als das „Teufelshaus" bezeichnen. An jenem Tag jedoch kümmerten mich all die Erinnerungen aus der Grundschule nicht.

Da war ich nun neben einer Freundin, die mir Sicherheit und Ruhe einflößte, in der Klasse mit all den „Neuen", die in ihren Bänken saßen. Vorne die Lehrerin.

Alles wirkte sonderbar vertraut und normal auf mich. Wie ein Spiel, sogar unterhaltsam.

Ich fühlte mich groß, ich gehörte jetzt zu den „jungen Leuten"! Der ganze Tag gefiel mir gut! (Auch wenn die ganze Sache anstrengender war!) und es gefällt mir immer noch.

Meine neuen Klassenkameraden sind nett, und in jedem von ihnen sehe ich einen anderen aus der alten Klasse!

Inzwischen ist die Grundschule nur noch eine strahlende Erinnerung, der ich aber nicht mehr nachtrauere!

(25. Januar 1995, 6. Klasse)

Karneval

Jedes Jahr immer wieder dasselbe! Die Leute sagen „Epiphanie kommt und trägt alle Feste mit sich fort", und so geht bei allen die Laune in den Keller: Die kleinen Kinder weinen, die älteren werden traurig. Aber in Wirklichkeit muß man gar nicht so lange warten, denn bald kommt die Karnevalszeit.

Ich habe immer voller Sehnsucht auf diesen Augenblick gewartet: Schon zwei Wochen vorher begann ich, das Kostüm vorzubereiten, und ich bemühte mich, es so aufwendig und schön wie nur irgend möglich zu machen; ich versuchte, die witzigsten und originellsten Scherze auszudenken, und kaufte Unmengen Konfetti und Sternchen, als hätte ich einen Großhandel.

Meine Eltern und ich gingen immer die Straßen am Arno entlang, um unsere schönen Masken zur Schau zu tragen und die kühnsten Scherze zu wagen. Was hatte ich für einen Spaß!

In einem Jahr verkleidete ich mich als Tiger, mit einem Kostüm ganz aus Schaumgummi, das meine Tante mir bemalte: Es war ein wirklich schönes Kostüm! Ich

Vor dem Spiegel zu Karneval

hatte eine Kappe mit großen blauen Augen und zwei kleinen runden Ohren.

Die Kappe störte mich sehr, aber ich nahm sie nicht ab, sie war einfach zu schön! In jenem Jahr gingen wir wie immer ans Arno-Ufer: Es war knallvoll, und da waren so viele Leute, daß es aussah, als würden die Gärten von unzähligen bunten Ameisen wimmeln. Und ich drängte mich mit dem Dreirad in die Menge und versuchte, die Leute mit Konfetti zu bewerfen (und besonders die „anständigen"), aber es gelang mir nie.

Ich blieb fast den ganzen Tag in den Gärten. Am Abend war ich müde, aber überglücklich, denn ich hatte Spaß gehabt wie noch nie.

Dieses Jahr war Karneval vollkommen anders für mich: Ich weiß nicht warum, aber, als ich mich für ein Kostüm entscheiden sollte, gefiel mir keine Idee mehr, ich hatte keine Lust mich zu verkleiden, weder Konfettis noch Sternchen oder Spraydosen reizten mich; mir war nicht danach, in das Gewühl von Kindern am Arno-Ufer einzutauchen.

Ich habe mich dieses Jahr also nicht besonders um den berühmten Karneval gekümmert, der mir so sehr gefallen hat, als ich noch klein war.

Der einzige karnevalistische Gefühlsausbruch war der Maskenball bei Lapo: Ich habe mir nur das Gesicht geschminkt, und ich fand es schön; bei ihm haben wir den ganzen Abend getanzt, und auch das fand ich schön!

Mama sagt: „Das ist das Erwachsenwerden".

(1. März 1995, 6. Klasse)

Ferien

Diesen Sommer habe ich eigentlich nie einen Fuß über die Schwelle unserer Wohnung gesetzt: Ich war immer in Ferien!

Im Juni war ich in Castiglioncello bei Freya, dann auf Sardinien, im Pfadfinderlager, mit den Großeltern in den Bergen und schließlich, in den letzten Ferienwochen, war ich reihum bei Freunden und Verwandten.

Ich habe keine Zweifel darüber, daß ich die schönsten Tage dieses Sommers auf Sardinien, in Argentiera, verbracht habe.

Ich war schon in den vergangenen Jahren dort gewesen, und wir waren immer sehr viele, so viele, daß der Ort fast ganz von der „Argentiera-Truppe" belagert war. Zusammen mit mir waren auch Saverio, Francesca, Francesco und Alessandro da, und dieses Jahr auch Lapo. Der Unterschied dieses Jahr bestand jedoch darin, daß sie alle meine Klassenkameraden geworden waren, wir uns aber noch nicht richtig gut kennengelernt hatten, das wird mir jetzt bewußt. Dies war die Gelegenheit!

Jeden Morgen waren wir am Strand, und für mich gab es nur uns, den Sand und das Meer. Es war phantastisch! Ich hatte nie Gelegenheit gehabt, nicht als Klassenkameradin, sondern als Ferienfreundin mit ihnen zusammenzusein.

Wir standen alle zusammen im Kreis, schauten aufs Meer und scherzten, dann alle Mann ins Wasser und wieder raus, immer alle zusammen, fast als wären wir eins. Meistens schlug Francesca vor, sich zu unterhalten, die Jungs, einen Wettkampf zu veranstalten, meine

Cousine, uns in Ruhe zu sonnen. Schließlich machte man von allem etwas und redete auch über dummes Zeug: die Badesachen der anderen Mädchen und Jungen, die Temperatur des Meeres oder den erfolgreichen Fischfang unserer Angler: Ale, Francesco und Lapo, die uns zum Abendessen immer einen Teller frischen Fisch schenkten.

Sardinien: Im Wasser von Stintino

Abends waren wir fast immer in der einzigen Bar des Ortes: „Wir gehen zu Dariuccio!". Und wir zogen sofort mit einem breiten Lächeln auf unseren Gesichtern und der im elektrischen Licht braunschimmernden Haut los.

Wir essen ein Eis, wir beobachten die Älteren, die zusammenstehen und von Liebe sprechen, während Lapo, Francesco, Alessandro und Saverio bei den Videospielen oder beim Tischfußball hängenbleiben.

Francesca, ich und Laura (meine Cousine) saßen an einem Tischchen und redeten über alles und nichts. Die einzigen Themen, die aus unseren Unterhaltungen ausgeschlossen waren, waren die Schule, die Probleme, die Sorgen des „normalen" Lebens.

Nicht einen Augenblick lang waren wir niedergeschlagen, traurig, müde oder gelangweilt. Wir waren bis Mitternacht in der Bar und am nächsten Morgen, mittags, mit müden Augen, aber begeistert, am Strand. Und in diesem Urlaub wurde ohne Zweifel so manche Liebe geboren, die klassischen „Sommerabenteuer", von denen ich jedoch nicht erzählen kann!

Ich glaube, ich habe in diesem Sommer viel gelernt. Ich habe nicht nur neue Erfahrungen gemacht: das Angeln, die Pyjama-Party, meine erste Verliebtheit.

Ich glaube, daß ich gelernt habe, mit anderen zusammenzusein, und daß ich auch den Wert von echten Freunden kennengelernt habe. Diese Ferien haben mich ein wenig erwachsener werden lassen und haben mir in vielen Dingen geholfen, die vorher Probleme für mich waren, die ich nicht überwinden konnte.*)

Schließlich kam der Augenblick, wo wir uns von diesem Wunder trennen mußten, und wir hatten das Gefühl, daß diese zwei Wochen nur ein langer und herrlicher Traum gewesen waren.

Nach und nach kehrten wir alle nach Hause zurück, die einen früher, die anderen später, und sahen mit glänzenden Augen das Meer an, das uns noch herrlicher als sonst vorkam.

Und mit Tränen in den Augen beobachtete ich den tristen Himmel vom Schiff aus, das mich nach Livorno zurückbrachte.

(15. September 1995, 7. Klasse)

Das Ende des Jahres ist die Zeit, Bilanz zu ziehen

Es ist schon Dezember... schon ein Jahr ist vergangen seit dem letzten Weihnachten, es sind bereits zwölf lange Monate seit meinem elften Geburtstag vergangen, ich bin jetzt zwölf!

Im Grunde sind die dreihundertfünfundsechzig Tage gar nicht so lang, sie sind schnell vergangen, Tag um Tag!

Und, wie jedes Jahr, so ist auch dieses am Ende angelangt. Wenn ich jedoch an Januar zurückdenke, dann

---

*) (gegenüberliegende Seite:) Alice entscheidet sich zum ersten Mal, mit dem Korsett, das sie wegen der Wirbelsäulenverkrümmung seit Jahren trägt, einen Badeanzug anzuziehen. Sie akzeptiert, von den Freunden gesehen zu werden, die ihr so wichtig waren, und denen sie auch gefallen wollte, in diesem Spiel um jugendliche Verliebtheiten, von denen sie auch in den Gedichten spricht.

beeindruckt es mich beinahe, mich daran zu erinnern, wie ich mir damals sagte: „Es ist noch so lange bis zum nächsten Weihnachten, so lange, viel zu lange".

Ich hätte damals nie an all die Dinge gedacht, die von da an bis Dezember passieren würden. Mir wird klar, daß man tatsächlich in einem kurzen Jahr immer ein bißchen erwachsener wird: Es gibt immer irgend etwas, irgendein Ereignis, irgendeine Erfahrung, die in diesen zwölf Monaten auftaucht und immer in deiner Erinnerung eingeprägt bleiben wird, es wird dieses zusätzliche Etwas sein, das dich jedes Jahr ein wenig erwachsener werden läßt und dir in jedem Augenblick deines Lebens einfallen kann und dich erinnern wird: Es wird von jetzt bis an das Ende meiner Tage immer nützlich sein können.

Es sind die Erfahrungen, die unbewußt den Charakter formen, ohne daß man es merkt! Und ich habe dieses Jahr so viele gemacht, schon in den ersten Monaten, als ich zwei Operationen hatte, dann die wundervollen Sommerferien, der Schulbeginn, der neue Lernstoff, dann der Geburtstag mit der dazugehörigen Feier, Francescas Operation, ihre lange Abwesenheit in der Schule, all die Male, die ich gebetet und mit Gott gesprochen habe, die Gespräche in der Familie, die Freundschaften, das Attentat auf Rabin, die Vorbereitungen für die Weihnachtsfeiertage, die Erinnerung an dieses ganze Jahr... und vielleicht könnte ich noch fortfahren, aber es scheint mir nicht nötig. Diese Aufzählung kommt mir so lang vor, daß ich mich beinahe wundere, für diese kurze Zeit so viele erwähnenswerte Dinge gefunden zu haben, aber sie sind wirklich alle passiert, und ich würde auch sagen, ziemlich schnell aufeinander.

Vielleicht war das bedeutendste von all diesen Ereignissen, ohne die anderen abwerten zu wollen, die Tatsache, daß ich soviel mit Krankenhäusern, Ärzten und Operationen zu tun hatte. Im März hatte ich den größten Eingriff; als ich mit dem Gipsbein in diesem Rollstuhl saß, da schien mir das Leben so schwer; ich habe mich nicht allzu sehr entmutigen lassen, aber es war nicht einfach, diese Situation zu ertragen. Meine sehr lange Abwesenheit von der Schule, die Tatsache, daß ich zu Hause alleine oder mit Papa lernen mußte, meine Klassenkameraden, meine Lehrerinnen, das Lachen, und sogar die Klassenarbeiten und das Abfragen fehlten mir so sehr. Das war mein normales Leben mit seinen Vorzügen und seinen Nachteilen, von jeher war es so gewesen!

In jener Zeit war ich hingegen wirklich entkräftet, mir war gar nicht richtig klar, was der Grund dafür war, daß ich mich in diesem Zustand befand, daß ich momentan von meinem gewohnten Leben abgeschnitten war.

Und in jener Zeit, ohne daß ich es merkte, habe ich so viele Dinge verstanden und gelernt, die ich noch nicht richtig hatte kennenlernen können: Das ist, meiner Meinung nach, Erwachsenwerden.

Vor allem habe ich gelernt, wie wichtig es ist, echte Freunde zu haben: Wie sehr haben mir die Freunde geholfen! Sie gaben mir Kraft, Mut, sie hoben meine Stimmung, und das ist sehr wichtig, denn wenn man in Schwierigkeiten steckt, kann man sich nicht erlauben, sich entmutigen zu lassen; es wäre zu traurig, es wäre zu anstrengend, sich wieder aufzurichten: Auch das habe ich nur in diesen schlimmen Monaten erkennen können. Es war einfach ein Lächeln, ein gutes Wort, ein freundschaftlicher Rat, ein Schulterklopfen, ein gemeinsames Schwätzchen, die mich wieder glücklich machten.

Ich kehrte froh in die Schule zurück, und mir wurde klar: Wenn man nicht durstig wäre, wäre es nicht so angenehm, ein Glas Wasser zu trinken, wenn wir nicht schläfrig wären, wäre es nicht so schön, einzuschlafen, und wenn ich nicht eine schlechte Phase durchlebt hätte, hätte ich mein gewohntes Leben nicht so zu schätzen gewußt.

Kurz danach ist Francesca, einer meiner liebsten Freundinnen, dasselbe passiert: Auch sie wurde operiert, fehlte lange und kehrte in die Schule zurück.

Es hat mich beeindruckt! Irgendwie war es, als würde ich die ganze Sache noch einmal durchleben: Wie gut konnte ich, die dasselbe durchgemacht hatte, sie verstehen! Es war schön, ihr helfen zu können, wie sie mir geholfen hatte: Ich habe mich endlich nützlich gefühlt! Vielleicht konnte ich ihre Hilfe richtig erwidern, weil ich wußte, wie wichtig Freundschaft ist, wenn man sie braucht. Ein echter Freund ist der, der immer da ist, um dir zu helfen, nicht nur, wenn er dazu Lust hat, oder wenn er nichts anderes zu tun hat: eine weitere Sache, die ich in diesem Jahr gelernt habe.

Das Jahr war hart, ja, aber ich bin bis zum Ende gekommen: Ich danke Gott, daß er mich diese Erfahrungen hat durchleben lassen, alle, die schönen und die schlechten. Ich danke Gott, daß er mich hat erwachsen werden lassen, und ich bitte ihn, daß er mir gestattet, die nächste Seite aufzuschlagen, um mich ein neues intensives Jahr wie dieses beginnen zu lassen: Schluß, aus, Schwamm drüber, ich will, daß ein neues Kapitel beginnt, sowohl was mein Leben angeht, als auch all die Sachen, die auf dieser verdrehten Welt nicht klappen.

(15. Dezember 1995, 7. Klasse)

Ab heute folge ich neuen Fährten

Es war nicht einfach, sich diese Vorstellung einzuprägen: „Ab heute folge ich neuen Fährten". Von jetzt an keine Wölfe mehr, keine Meute, kein Akela, kein Dschungel! und auch keine Livia mehr, keine Cate, keine Alten Wölfe, kein Giulio und die anderen aus der Truppe.

Um die Wahrheit zu sagen, von dem Augenblick an, als ich mit den anderen des IV. Jahrgangs in den Bus gestiegen bin, bis zur Stufenwechselfeier war ich kein bißchen aufgeregt! Und doch war alles phantastisch: Samstag abend die Hütte, das Feuer, das Grillen, und dann auch allein die Tatsache, daß wir nur zu siebt waren, die ältesten aus der Meute, alles machte ein wenig den Eindruck, als hätte ich meine alte Gruppe schon verlassen. Ich fühlte mich nicht mehr als wichtiges Mitglied der Truppe (das ich war: Gruppenleiterin!). Ich fühlte bereits, daß alles überwunden war und daß ich für den Luftwechsel bereit war, bereit, auf meinem Weg weiterzugehen.

Gute Jagd, Rudel, gute Jagd!!

Ich hinterlasse euch nur die Erinnerung an mich, und ich schwöre, daß ich das Gepäck, das ich in diesen vier Jahren dank euch, dank der Alten Wölfe, dank meiner selbst, angesammelt habe, immer bei mir tragen werde!

Ich werde immer eine schöne Erinnerung an diese ganze gemeinsame Zeit bei mir tragen!

Nochmals danke, doch ich weine nicht! Nur ein kleines befreundetes Tränchen, das sofort trocknet, und ich
lächele euch zu!! Gute Jagd: Geht auf eurem Weg weiter, so wie wir auf unserem weitergehen, aber es soll eine
natürliche, fröhliche Sache sein! Ich bin glücklich!

(Oktober 1995,
Abschlußfahrt anläßlich des Wechsels zu den Scouts)

ZWEITER TEIL

GEDANKEN UND LEKTÜREN

Im Val di Funes mit ihrem Scooter

Es fehlt die Liebe
Erfundenes Lied, mit Moral

Ein Kind, das an seinem Schreibtisch sitzt
und in dessen Augen Phantasie aufblitzt
zu überlegen beginnt
wenn auf dieser Welt die Liebe zerrinnt
was wird dann aus uns.

(3 mal)

Moral der Strophe:
Schon die kleinen Spielkinder nehmen das Fehlen von Liebe auf der Welt wahr.

Gebt Frieden und Liebe, um eure Kinder zu lehren, richtig zu leben.

(Juni 1992, 3. Klasse)

Zur Parabel von den Talenten

Setzen wir uns dafür ein, den anderen zu helfen und das Leben auf der Welt zu verbessern (...) Gott wird uns im Paradies mit dem ewigen Glück belohnen, wie der

Herr die Knechte belohnte, die ihre Talente zu nutzen gewußt haben.

Auf die Frage
„Was ist dein besonderes Talent?"

Ich glaube, daß die Gabe, die ich am besten nutzen könnte, die der Fröhlichkeit und des Optimismus ist. Ich glaube, daß sie mir in meinem Leben sehr nützlich ist: Jede Schwierigkeit wird für mich ein kleineres Hindernis sein. Ich könnte meinem Nächsten helfen, jede Schwierigkeit zu überwinden, und ihm diese Kraft beibringen, so daß er sie im Leben anwenden und sie wiederum seinen Nächsten lehren könnte.

(30. September 1993, 5. Klasse)

Zur Wiederauferstehung der Toten

Auch ich denke an meine toten Verwandten und stelle sie mir in meinem Herzen lebendig vor, und ich bin fest davon überzeugt, denn der Tod ist der Beginn eines neuen schönen Lebens.

(2. November 1993, 5. Klasse)

Ein Kommentar
zu einer Passage aus „Onkel Toms Hütte"

*..., in der die Sklavin Elisa ihr Leben aufs Spiel setzt,
um ihren Sohn zu retten*

Diese Handlung macht mir klar, daß – wenn die
Liebe der Motor ist, der den Menschen antreibt – der
Mensch keine Grenzen hat, auch nicht darin, was un-
möglich erscheint.

(25. Januar 1994, 5. Klasse)

Ein Kommentar
zur Geschichte von Marcello Candia

..., Industrieller und Missionar, Anwärter auf Seligsprechung

Ich bewundere den Glauben, die Beharrlichkeit, den
Mut und das Glück sehr, mit denen Marcello Candia ruhig seinen Weg geht. Und ich kann eines sagen: Es
scheint mir nicht falsch, Candia heiligzusprechen, denn
in diesem Mann, wie in jedem der Menschen von
großem Geist, die sich für das Wohl der Welt eingesetzt
haben, liegt die Kraft unseres Herrn.

(Februar 1994, 5. Klasse)

„Brief an einen befreundeten Missionar"

Manchmal kommt es vor, daß ich nicht ganz zufrieden bin mit der Welt, in der ich lebe, oder mit den Dingen, die ich besitze. Zum Beispiel möchte ich in manchen Augenblicken auf dem Land leben oder ein Spielzeug haben, das ich nicht habe. Aber wenn ich dann an dich denke, der du in Somalia bist, und an die armen Menschen, die in jenem Land leben, kommt es mir wirklich vor, als würde ich im „Paradies" leben.

Es ist dennoch nicht einfach, sich als kleines glückliches Mädchen, das in einer schönen, reichen und ruhigen Stadt leben darf, die Lebensbedingungen in dem Land vorzustellen, in dem du als Missionar tätig bist.

(Februar 1994, 5. Klasse)

Zu Abbé Pierre
und den Lumpensammlern von Emmaus

Sobald der Priester etwas Hilfe von den tüchtigen und willigen Menschen bekam, machte er sich daran, aus allem, was er fand, Häuser zu bauen. Er tat es wirklich mit Freude, denn wenn die Liebe dich leitet, spürst du keine Anstrengung, keine Müdigkeit, keinen Hunger und Durst mehr: So war es bei Abbé Pierre und seiner Gefolgschaft.

(10. März 1994, 5. Klasse)

Kommentar zum Abschnitt aus dem Evangelium über Simon von Kyrene

..., der Jesus hilft, das Kreuz zu tragen

Man kann wählen, ob man Christ sein will oder nicht.

Christ zu sein bedeutet, alle zu lieben, an Christus zu glauben, zu versuchen, sich niemals von ihm zu lösen, ihn nicht zu beleidigen und nichts zu tun, was deinen Glauben stören könnte, immer und überall Christ zu sein, das Wort Christi weiterzutragen. Christ zu sein bedeutet auch, sich zu mühen und Opfer zu bringen. Um die Wahl zu treffen, Christ zu sein oder nicht, muß man dies wissen, wissen, daß nicht Christ zu sein etwas ganz anderes ist, muß man jeden Tag des Lebens mit Christus die Vorteile und die Nachteile kennenlernen, wenn man stets mit ihm ist.

(1. April 1994, Karfreitag)

Wie man erobert.
Rezept aus einer Geheimnotiz:
„LESEN VERBOTEN"

Intuition, sich gut verständlich machen, gut essen, Aufrichtigkeit, Stil, innere Bereitschaft, Verhandlungsgeschick, Optimismus, Intelligenz, Probleme lösen, Sympathie, Freundlichkeit, wissen, wie man Sex macht, sportlich und offen sein, über alles reden können, eine Persönlichkeit wählen und sie bewahren, Klasse.

(Mai 1994, 5. Klasse)

Kommentar zum Gedicht
„Die Augen der Kinder"

von Cristian Amodeo, einem Praktikanten aus Erythräa

Kinder haben noch nicht viele Dinge erlebt, und deswegen kennen sie die Welt der Phantasie sehr gut. Während die Erwachsenen viele Dinge erlebt haben und zu beschäftigt mit der Arbeit sind und nicht an die Phantasie denken, und das ist schlimm.

(Januar 1991, 2. Klasse)

Kommentar zum Gedicht „Der Platz und die flammenden Orangenbäume"

von Antonio Machado

Dieses Gedicht von einer zarten Kindheitserinnerung läßt mich an die Wehmut denken, die ich verspürte, als ich meine alte Vorschule verließ.

(7. Dezember 1991, 3. Klasse)

Um sich mit Freunden gut zu verstehen

1) Sei nett zu ihnen
2) interessiere dich für ihre Probleme
3) erzähle ihnen fröhliche Sachen

(1990, 2. Klasse)

Nachdem ich einen Film über Christoph Kolumbus gesehen habe

(...) So ist also Geschichte eine sehr lange Erzählung, die aus einem Wirrwarr von Fakten besteht: Die Franzosen gingen hierhin, die Spanier gingen dorthin, Luther machte dies, Karl V machte jenes, und so weiter.

Eine Erzählung, in der es nur eine ganz kurze Zusammenfassung von ganz vielen wichtigen Ereignissen gibt, kann nicht unterhaltsam sein.

Sie könnten jedoch auch unterhaltsam sein, wenn man ihnen ein wenig Farbe, ein wenig Bewegung verleihen würde, wie man es tut, wenn man Kindern Geschichten von Prinzen und Prinzessinnen erzählt.

Dann wäre Geschichte unterhaltsam, und alle würden sie lernen.

(16. November 1993, 5. Klasse)

Kommentar zum Comic „Superman"

Ich bin für seine Gegenspieler, die meistens die Verlierer sind, aber demütiger und sympathischer. Außerdem auch, weil ich Superman hasse. Er weckt Antipathie und Widerwillen in mir. Ich finde, daß Superman zu perfekt ist, um sympathisch und unterhaltsam zu sein. Seine Super-Kräfte sind dermaßen absurd im Vergleich zur Wirklichkeit, daß man sich meiner Meinung nach nicht amüsieren kann, wenn man sie betrachtet. Ich ziehe Clark Kent vor; auch wenn er nichts Besonderes und Phantastisches an sich hat, in ihm sehe ich einen Menschen wie mich, und daher kann ich mich bei allem was er tut, in ihm wiedererkennen.

(7. März 1995, 6. Klasse)

Kommentar zum Gedicht
„Du wirst hundertmal ernten"

von Kuang-Tsen

Wenn du ein Volk befehligst und es wie eine Marionette herumzerrst, wirst du es früher oder später betrügen und es wird deine Befehle ausführen, weil es sich des Fehlers, den es begeht, nicht bewußt sein wird. Und wenn eines Tages die Diktatur über dieses Volk zu Ende geht, wird es nicht in der Lage sein zu leben, eine Gesellschaft weiterzuführen, und wird also schließlich aussterben. Aber wenn du das Volk lehrst zu leben, das Gute vom Bösen zu unterscheiden, zu lesen und zu schreiben, zu verstehen, was auf der Welt und im Staat passiert, eine Entscheidung zu fällen und eine Wahl zu treffen, dann wird sich das Volk nicht mehr betrügen lassen und wird, auch wenn es eines Tages niemand mehr befehligt, selbständig und richtig zu leben wissen.

(9. Dezember 1993, 5. Klasse)

Gedanken zur Erzählung
„Martin, der Schuster"

von Lew Tolstoj

(...) Um das zu bekommen, was man will, muß man das geben, was man bekommen will, und man ist glücklich, wenn man hilft und jemandem, der es braucht, et-

171

was Gutes tut. Beim Lesen dieser Erzählung verspürte ich Freude, eine Liebe zu Gott, und ich habe viele Lehren daraus gezogen, wie man glücklich wird.

(12. Dezember 1991, 3. Klasse)

In der Seele sterben

(Aus einem Aufsatz über die Rechte der Kinder)

Die schlimmste und übelste Gewalt, die es geben kann, ist die, die die Seele, die Gedanken verletzt.

(November 1993, 5. Klasse)

Leben und erwachsen werden

Um richtig erwachsen zu werden, muß man ständig das, was man ist und das, was man macht, mit dem vergleichen, was man seinen Vorstellungen nach sein sollte. Man kann unmöglich ohne die Hilfe anderer aufwachsen: der Lehrerinnen, der Verwandten, der Freunde und all derer, die dir auf irgendeine Weise behilflich sein können.

(September 1994, aus dem Religionsheft der 6. Klasse)

Die Figur, die mir im „Kleinen Prinzen" von Antoine de Saint-Exupéry am besten gefallen hat

Der König ist eine der sonderbaren Figuren, denen der kleine Prinz auf seiner Reise zu den Planeten begegnet. (...) Er ist ein vernünftiger und gerechter Mann. In einem Satz, der eine Vorstellung von seiner Persönlichkeit geben könnte, sagt der König mehr oder weniger folgendes: „Man muß von jedem fordern, was er leisten kann!". Ich glaube aber, daß der schönste Satz wirklich der ist: „Es ist viel schwerer, sich selbst zu verurteilen, als über andere zu richten! Richte dich selbst, wenn du nicht weißt, wen du richten sollst". Es sind einfache, aber sehr weise Sätze. Wenn wir es nur schaffen würden, seine Worte zu übernehmen, dann bin ich sicher, daß unser gesellschaftliches und persönliches Leben viel besser verlaufen würde. Wir können alle sehr gut Freunde, Kameraden, Verwandte richten (...) kaum jemand schafft es hingegen, sich selbst zu richten, seine eigenen Fehler aufzudecken und zu versuchen, sich zu bessern. Als wichtigste aus dem Kleinen Prinzen ausgewählte Sätze:

1) „Das Land der Tränen ist so geheimnisvoll"

2) „Ich muß wohl zwei oder drei Raupen aushalten, wenn ich die Schmetterlinge kennenlernen will"

3) „Der Fuchs sagte: Hier mein Geheimnis. Es ist ganz einfach: Man sieht nur mit dem Herzen gut. Das Wesentliche ist für die Augen unsichtbar."

(26. Oktober 1993, 5. Klasse)

Kommentar zum Gedicht
„Das erste Herbstzeichen"

von Luis Cernuda

Für mich war das schönste Bild des Gedichtes „Das erste Herbstzeichen" das des „Mondzaubers".

Meiner Meinung nach wollte der Dichter mit diesem Eindruck etwas Magisches, Reines beschreiben, das dich von deinen Gedanken löst und dir eine neue, phantastische Welt in der Finsternis der Nacht eröffnet.

Ich habe dieses Gefühl empfunden, als ich in einer klaren Augustnacht den großen Vollmond betrachtete, der dem blauen Himmel eine helle und reine Farbe verlieh. Ein Bild, das mir dagegen nicht sehr gefallen hat, war das folgende: „ein Licht entzündete sich in einem Scheinwerfer", weil mir eine Metapher besser gefallen hätte, oder statt des Wortes „Scheinwerfer" ein natürlicherer, poetischerer Ausdruck.

Der Satz „der Regen erscheint weiß in der Luft, die sich verdunkelt" hat vor mir das Bild von einem Licht mit ganz vielen kleinen hellen und glänzenden Tröpfchen in der Dunkelheit des Himmels entstehen lassen.

In diesem Satz hat der Dichter dieses Bild wirklich gut ausgedrückt.

(25. Oktober 1992, 4. Klasse)

Sarajevo
Edina, ein zwölfjähriges Mädchen, schreibt:

In meinen Träumen geh' ich zwischen Trümmern
im alten Teil der Stadt
auf der Suche nach einem Stück altem Brot.
Meine Mutter und ich atmen den Rauch
von Schießpulver und stellen uns vor,
er sei Duft von Kuchen und Kebab.
Wir rennen, auch wenn es schon neun Uhr abends ist;
vielleicht laufen wir „unserer eigenen" Granate
entgegen.
Dann das Dröhnen einer Explosion
in der Straße der Ehre;
viele Menschen sind verletzt –
Schwestern, Brüder, Mütter und Väter.
Ich nähere mich und berühre eine verletzte Hand,
ich berühre den Tod.
Erschreckt wird mir bewußt, daß es kein Traum ist,
sondern nur ein weiterer Tag in Sarajewo.

Die Menschen von Sarajevo, Frauen, Kinder, Alte und Soldaten leben jetzt in der Welt des Krieges, in einer Welt, die geographisch gesehen unweit von hier liegt, aber ganz weit weg ist von unserem Verstand, von unserem Leben.

Die meisten von ihnen haben kein Zuhause, haben nichts zu essen, und sitzen in Kellern eingeschlossen, um zu verhindern, daß sie von einer Bombe oder einem Geschoß getroffen sterben. Um sich ein Stückchen Brot zu beschaffen, stehen die Menschen Schlange und laufen durch Straßen, in denen Gewehrschüsse widerhallen und Kugeln durch die Luft fliegen, denen sie nicht immer ausweichen können.

Die Soldaten schießen, ohne den genauen Grund zu kennen.

Ganz viele Familien sind zerstört, viele Söhne tot, Ehemänner im Krieg, weit fort von Zuhause, verwitwete Frauen versuchen verzweifelt, ihr eigenes Leben und das des Kindes zu retten. Sie leben in Todesfurcht, und das ist ihr tägliches Leben.

Sie wissen sehr wohl, daß sie von einem Moment auf den anderen getötet werden können, vielleicht sogar vom Nachbarn, oder von einem, der vorher Schach mit dir gespielt hat und dich am nächsten Tag umbringt...

Im Krieg von Sarajevo sind laut Unicef bis zum November 1992 128.126 Personen gestorben, davon 12.818 Kinder, und von den 132.170 Verletzten sind über 33.000 Kinder.

In dem Buch, aus dem ich das Gedicht von Edina habe, *Briefe aus Sarajewo*)*, gibt es viele Briefe und Gedichte von Menschen, die unter schlimmsten Bedingungen leben, aber trotz allem hört man aus den Dingen, die sie schreiben, auch ein wenig Ironie heraus.

Zum Beispiel schreibt Zehra ihrem Cousin Jasmin: „Heute macht Mama uns Reiskuchen. Sie macht uns auch Reisbällchen. Wir haben ganz viele Rezepte entdeckt, und wenn, so Gott will, all das hier zu Ende ist, werden wir dir ganz viele geben. Man kann auch Kuchen ohne Eier und Butter machen. Du müßtest mal se-

---

*) Deutsche Ausgabe: Wilhelm Heyne Verlag, München, 1993

hen, was wir mit der Eurocreme und den Hilfsgütern alles machen! Macht euch also keine Sorgen um uns: Ich denke viel an dich".

Diese Menschen sind noch voller Hoffnung, es sind optimistische Menschen, die sich nicht so einfach entmutigen lassen, und hoffen wir, daß ihnen das hilft.

(13. April 1993, 4. Klasse)

Aus einem Zeitungsbericht

Es ist Ostersonntag. In Pakistan wurde heute Iqbal Masih unschuldig ermordet, und so haben wir einen wahren Schatz auf dieser Welt verloren.

Wer war Iqbal?

Er war ein kleiner Junge von 12 Jahren, der zusammen mit vielen anderen Kindern in einer Teppichfabrik als Sklave gehalten wurde.

In der Tat können Kinderfinger, die flinker und zarter sind, kleinere und festere Knoten machen. Deswegen sind Kinder bei Fabrikbesitzern sehr gefragt, und viele Familien sind gezwungen, die eigenen Kinder für wenige Rupien zu verkaufen, wie es auch im Fall von Iqbal war.

Iqbal hat mit etwa vier Jahren angefangen, in der Teppichfabrik zu arbeiten, und hörte mit 10 Jahren auf, als er Ehranullah Kan traf, den Leiter einer Organisation gegen die Ausbeutung Minderjähriger.

Von da an hat sich der Junge immer im Kampf gegen die Versklavung Minderjähriger eingesetzt. Er hat an vielen Konferenzen zu diesem Thema teilgenommen und hat von den schrecklichen Bedingungen erzählt, unter denen er und seine Freunde lebten.

In den Vereinigten Staaten gewann er einen Preis von 15 tausend Dollar von der Firma Reebok, und Iqbal sagte, daß er von diesem Geld sein Studium finanzieren würde.

Als er befreit wurde, hatte der Junge bei seinem Chef Schulden in Höhe von dreizehntausend Rupien und verdiente eine am Tag.

„Aber", so sagte Iqbal, „jetzt soll mein Chef Angst vor mir haben!"

Leider kam aber an jenem Ostersonntag, als er mit Freunden Fahrrad fuhr, ein Auto vorbei, aus dem geschossen wurde, und Iqbal war auf der Stelle tot.

Frühstück und Frühnachrichten

Man kann jedoch sagen, daß er sein Leben als wahrer Held beendet hat, und daß wir ihn niemals vergessen werden.

Außerdem, jetzt da wir so viele Dinge über ihn und sein Leben erfahren haben, werden wir uns dafür einsetzen, daß den Kindern geholfen wird, die in Sklaverei leben, so wie einst Iqbal.

(26. Mai 1995, 6. Klasse)

Nach der Lektüre von „Der einsame Vogel"

von Leopardi

Meine Einsamkeitsgefühle

Giacomo Leopardi vergleicht im Gedicht „Der einsame Vogel" sich selbst mit einem Spatzen, der an einem Feiertag ganz allein und selbstvergessen dasitzt und zusieht, wie die anderen Vögel glücklich am weiten Himmel fliegen.

So ist es auch für den Dichter, der sich ausgeschlossen und anders als die jungen Menschen fühlt, die den Sonntag zusammen feiern, sich festlich anziehen, singen und sich verlieben: Sie sind in der schönsten Zeit ihres Lebens, der Jugend.

Auch ich fühle mich manchmal allein und... es gibt Momente, da mir dieses Gefühl sehr gut gefällt, andere wiederum, in denen ich mich in der Einsamkeit schlecht fühle.

Einmal war ich bei Sonnenuntergang auf dem Land, und die laue Sonne streichelte mein Gesicht.

Es war niemand in meiner Nähe, es herrschte vollkommene Stille. Also habe ich mich in mich zurückgezogen, habe nachgedacht, habe die Natur genossen und bin in meinen Gedanken ein wenig von der Welt fortgeflogen, und für einen Augenblick habe ich echtes Glück empfunden, und ich war heiter.

In solchen Situationen ist Einsamkeit eine tolle Sache, weil es der einzige Augenblick ist, in dem du in dich hineinsehen kannst und dich so richtig gründlich betrachten kannst.

Zu Hause ist es anders: Auch wenn niemand in unmittelbarer Nähe ist, so ist man doch in einer vertrauten Umgebung: Man hat seine Spiele, seine Hobbies. Kurzum, nicht immer, wenn man allein ist, fühlt man sich auch allein.

Die andere Art der Einsamkeit, diese schreckliche, die es einem schlecht gehen läßt, ist etwas ganz anderes, ich würde sagen, sie ist das Gegenteil, bis auf eines: Auch hier bist du allein.

Dieses Gefühl kann man auch mitten in der Menge haben, mit tausend Menschen um einen herum: Und wenn du niemanden kennst, kannst du mit niemandem sprechen, und du fühlst dich nicht geliebt und in die Situation einbezogen: Es ist, als wäre man ein Gespenst: Du existierst, aber du kannst weder gesehen noch gehört werden. Und du wünschst dir, zu Hause zu sein, mit Freunden oder ohne, oder dich in dich zurückzuziehen, wie du es andere Male getan hast, ohne so viel Rummel.

Dieses Gefühl hatte ich oft, und es ist furchtbar.

Wenn du dich nach einer lieben Person sehnst, fühlst du dich ein wenig leer.

Mir ist das passiert, als Phuong, meine beste Freundin, weggegangen ist: Fünf Jahre lang war sie es, die mir einen Großteil der Zuneigung gab, die ich in der Klasse erfuhr, und jetzt bedeutet ohne sie zu sein, ohne Zuneigung zu sein, die am wichtigsten ist, um gut zu leben.

Jetzt fühle ich, wenn ich daran zurückdenke, einen Riesendruck in der Magengegend, und ich könnte weinen, aber ich bin dabei, mich damit abzufinden.

(23. März 1994, 5. Klasse)

Leopardi und die Vorfreude

Bis vor kurzem war ich nicht einverstanden mit dem, was mir „Sonnabend im Dorfe" von Leopardi zu verstehen gab, aber nicht in jeder Hinsicht: Ich war überzeugt, daß ebenso wie der Tag der Erwartung glücklich und wunderbar ist, auf gleiche Weise auch der Tag des „Festes" glücklich und wunderbar ist, und in diesem zweiten Teil meines Gedankens widersprach ich Leopardi. Vor etwa zwei Monaten aber passierte mir etwas, was mich meine Meinung ein wenig ändern ließ.

Es war der 17. November 1995, der Vorabend meines Geburtstages: Es waren vierundzwanzig außerordentliche Stunden, sie vergingen sehr schnell, es war ein glücklicher Moment, heiter, ich fühlte mich erfüllt, frei, ich hatte himmelhochjauchzende Laune, schwebte mit meinen Gedanken in den Wolken.

Der Gedanke an den folgenden Tag, an dem ich genau 12 Jahre alt werden sollte, erregte mich sehr, ich würde fast „erwachsen" sein, und dieser 18. November sollte der glücklichste Tag meines Lebens werden, oder ich glaubte es zumindest, ich dachte, es würde der Tag, an dem ich das Höchste erlangen würde, ich alles erreichen würde, was ich mir bisher gewünscht hatte, ich vollkommen verwirklicht sein würde, sorglos und glücklich.

Hätte ich auch nur kurz auf die Uhr geschaut, hätte ich laut vor Freude geschrien, denn ich hätte festgestellt, daß nur noch wenig fehlte bis zum nächsten Tag, zu diesem phantastischen, schicksalhaften Tag...

Seit einem Monat zählte ich schon rückwärts und konnte nicht glauben, bei „Null" angelangt zu sein. Kurzum, ihr könnt euch nicht einmal im entferntesten vorstellen, was ich an jenem 17. November wirklich empfand, auch wenn es ein Freitag der 17. war und ich eine Geschichtsarbeit schreiben sollte.

Als ich zu Bett ging, hüpfte mein Herz mit jeder Faser vor Freude; ich wollte sofort einschlafen, so würde die Zeit schneller vergehen.

So wachte ich wundervollerweise am Morgen des 18. November auf, jenem Tag, den ich so lange und so intensiv erwartet hatte...

Ich fühlte mich leer, und ich konnte mir nicht erklären, wo all meine Freude geblieben war, und wie sie so hatte dahinschwinden können, wie ein Blümchen, das plötzlich seiner Wiese entrissen worden war.

Natürlich war ich nicht ganz traurig und deprimiert: Es war immerhin noch mein Geburtstag, und da mußte man doch ein wenig glücklich sein.

Aber ich konnte nicht so aufgeregt sein, wie ich es immer in den vorangehenden Jahren gewesen war.

All die „Glückwünsche!!", die Feiern, die guten Worte derer, die wie immer um mich herum waren, nahm ich nicht einfach so in mich auf; sie gingen in ein Ohr hinein und zum anderen hinaus.

Immerhin schaffte ich es, mich abends bei der Feier zu Hause, mit meinen besten Freunden, etwas zu trösten; ich zwang mich, glücklich zu sein, und es gelang mir ganz gut, auch weil ich mich nicht damit abfinden wollte, von meinem Geburtstag so enttäuscht zu sein.

Mir wurde klar, daß ich einmal das hatte erleben können, was Leopardi beschrieb: „morgen schon werden Traurigkeit und Langeweil' die Stunden wiederbringen".

Ich bin dennoch überzeugt, daß er etwas übertreibt, wenn er den „Sonntag" als so katastrophales und tragisches Ereignis darstellt.

Ich bin sicher, daß wenn es damals Antidepressiva oder gute Psychiater gegeben hätte, und wenn Leopardi mit ihnen zu tun gehabt hätte, wir heute seine Dichtung nicht hätten.

(20. Januar 1996, 7. Klasse)

Roberto Benigni

Ich habe ihn viele, viele Male im Fernsehen gesehen, im Kino, in Zeitungen, im Theater, so daß ich ihn ziemlich gut kennenlernen konnte, um ihn zu einem meiner schauspielerischen Idole zu machen: Es ist Roberto Benigni, ein Komiker, Schauspieler, florentinischer Sänger, der seit langem auf dem Höhepunkt seiner Laufbahn ist und immer die Bewunderung ganz vieler Leute auf sich gezogen hat. Ich würde ihn fast als einen „Pinocchio" bezeichnen, eine Puppe, die sich ohne Fäden bewegt und sprechen kann.

Es waren vor allem seine Filme, die ihm den Ruhm eines außerordentlichen Komikers eingebracht haben. Einer davon heißt „Streichholz-Johnny", in dem Benigni seine köstliche Ironie zur Schau trägt, die die Menschen verzaubert hat. In diesem Film stellt er einen einfältigen und gutgläubigen Mann dar, der in den Dingen dieser Welt unerfahren ist.

Die Handlung spielt in Palermo: Eine Frau, die Gattin eines Mafia-Bosses, trifft sich in Florenz mit einem Mann (Roberto Benigni), der ihrem Mann sehr zu ähneln scheint (von demselben Schauspieler dargestellt), der „Streichholz-Johnny" heißt. Da Johnny von der palermitanischen Polizei gesucht wird, plant die Frau, ihren neuen Freund festnehmen zu lassen und so die Polizisten irrezuführen. Daraus entwickelt sich eine sehr lange Folge von Doppeldeutigkeiten und Mißverständnissen, deren Hauptfigur Roberto Benigni ist: Seine Witze sind immer geistreich und köstlich, sie sind von feiner und ausgesuchter Ironie, die auch die Intelligenz des Darstellers zeigt. Er überschreitet niemals die Grenzen, jenseits derer die Komik nicht mehr unterhaltsam ist.

Das Aussehen des Schauspielers trägt wesentlich dazu bei, daß er komisch wirkt: Er ist nicht sehr groß, er ist eher dürr, er bewegt sich flink und schnell. Er hält nie inne: Er befindet sich immer in verrückter Bewegung: Er hüpft, tanzt, rennt, läuft, setzt sich immer wieder hin und steht wieder auf. Seine Witzigkeit rührt auch von der Art her, wie er spricht: Er hat einen typisch florentinischen Akzent, mit schleppendem „c" und „t", er spricht schnell, aber er verschluckt keine Worte, und vor allem hört er nie auf zu reden.

Letztens ist er im Palasport von Florenz aufgetreten: Es war eine Show, in der er die Bühne ganz alleine besetzte, Witze am laufenden Band machte, einen nach dem anderen, so daß die Zuschauer nicht Luft holen konnten: Sobald einer den Saal betrat, in dem das Schauspiel aufgeführt wurde, lachte er sich tot und hörte erst auf, wenn er wieder hinausging.

Seine Witze waren verschiedener Art: von der aktuellen Politik bis zu allgemeinen Urteilen, und sie waren einfach und unterhaltsam. Ich glaube nicht, daß diese Beschreibung von Roberto Benigni ihm gerecht wird, aber ich glaube auch, daß es für jeden Schriftsteller schwer wäre, eine Person wie ihn zu beschreiben.

Ich empfehle dennoch allen, ihn kennenzulernen, denn ich weiß nicht, wie wahrscheinlich es ist, daß es einen anderen Komiker von seiner Größe gibt.

(21. Oktober 1995, 7. Klasse)

Inspektor Derrick

Er heißt „Inspektor Derrick" und läuft jeden Montag auf RAI 2.

Es ist nicht wirklich eine Fortsetzungsreihe, es sind einzelne Folgen, die nicht miteinander verknüpft sind, und deren Hauptfigur Inspektor Derrick ist. Es handelt sich dabei jedenfalls um Kriminalfilme.

Die Ereignisse spielen in Deutschland, in München, wo Derrick und sein Assistent Harry interessante Fälle lösen müssen, um die zu finden und festzunehmen, die die Straftaten begehen.

Die beiden Hauptfiguren sind Teil der Mordkommission und haben es mit den finstersten Typen und schrecklichsten Ereignissen von ganz Deutschland zu tun.

Ich selbst habe immer Krimis geliebt, und ich bin nicht einfach zu beeindrucken; was mich an Krimis am meisten fesselt, ist gerade die Tatsache, all das sehen und beobachten zu können, was ich in meinem täglichen Leben niemals kennenlernen könnte, es ist jedoch seltsam, daß mich dabei gerade das Fernsehen so anzieht.

Alle haben mir immer gesagt, daß ich das Gespür eines Detektivs habe, und ehrlich gesagt glaube ich das auch. Ich kann mich vollkommen in die Rolle des Inspektors versetzen, ich mag genau die Art von Persönlichkeit, und es ist auch die, die mir am nächsten kommt.

Inspektor Derrick ist ein aufmerksamer, ruhiger, präziser Mann, er setzt nie etwas als sicher voraus, er läßt sich nicht von Äußerlichkeiten täuschen, er schafft es immer, der Sache auf den Grund zu gehen, ohne sich jemals zu irren, ohne den Mut zu verlieren, ohne sich ablenken zu lassen und ohne jemals von seinem Weg abzukommen.

Derrick sieht ernst aus, hat ein gutes Benehmen und ist in perfektem Einklang mit dem Umfeld, in dem sich die Ereignisse abspielen: Immer eher finster, mit seinen wässrigen Augen und schweigsam, birgt er etwas Geheimnisvolles, Eindrucksvolles und Interessantes. Manchmal wird diese Umgebung dem Chaos einer großen Metropole mit ihrem Durcheinander und der Oberflächlichkeit von Nachtlokalen gegenübergestellt, wo oft die dunkelsten Individuen und manchmal die Mörder ihren Geschäften nachgehen.

Die Auflösung der Fälle ist nie die banalste und einfachste, die man sich vorstellen könnte, sie verbirgt sich immer hinter irgendwelchen komplizierten Denkvorgängen. Die Filme enden fast immer mit der gleichen Szene: Derrick und Harry sitzen am Schreibtisch in ihrem Büro und schweigen beide, ganz in Gedanken vertieft. Plötzlich hebt Derrick den Kopf, kratzt sich am Haupt, wobei er sich die weißen Haare etwas durcheinanderbringt, zieht kräftig an seiner Zigarre, wirft seinem Freund Harry einen tiefen, intelligenten Blick zu, und sicher, überzeugt und ruhig ruft er aus: „Aber ja, Harry! Ich hab's..." Und er beginnt mit seinen komplizierten Ausführungen, wobei er die Lösung aufdeckt, als wenn es die offensichtlichste Sache der Welt wäre, mit einer warmen und sicheren Stimme.

An dieser Stelle rennen die beiden zum Auto und rasen blitzschnell zu irgendeinem dem Zuschauer unbekannten Ort. Derrick steigt behende und schnell aus dem

Auto, greift mit beiden Händen seine Pistole, streckt seine Arme aus, fixiert sein Gegenüber mit einem herausfordernden Blick und sagt zufrieden, ruhig und mit tiefer Stimme:

„Sie sind verhaftet!"

Jetzt herrscht an dem Ort vollkommenste angsterfüllte Stille, das Gesicht des Schuldigen sieht verwirrt und besiegt aus.

Nach wenigen Augenblicken setzt sanfte und kraftvolle Musik ein, eindrucksvolle Musik, die dazu beiträgt, daß das Ende so interessant wird. Ich lächele zufrieden, schalte den Fernseher aus und habe meinen Spaß, denn ich habe wieder einmal die Auflösung des Falles erraten.

(29. Dezember 1995, 7. Klasse)

Kommentar zum Buch
„Der Tanz der Python"

von Norman Silver

..., das im Südafrika der Apartheid spielt

In dem Buch wird die Rassendiskriminierung dargestellt: Die Menschen verhalten sich einem Weißen gegenüber anders als einem Schwarzen, Vorurteile entstehen.

Nach meiner persönlichen Erfahrung gibt es keine so großen und so augenscheinlichen Unterschiede, aber kleine Situationen der Verschiedenheit schon.

Unsere Klasse ist zum Beispiel eine Klasse von Jungen und Mädchen mit Eltern und Verwandten, die studiert haben, Kinder, die es sich leisten können, intensiv zu lernen, aber es gibt auch Kinder, denen geholfen werden müßte und die Zeit bräuchten: Wenn sie nicht mit ihren Eltern zusammenleben, müssen sie alles alleine machen, und dabei ist die Familie so wichtig, wenn das Kind zur Schule geht.

Sie werden ausgegrenzt, nicht versetzt, ausgeschimpft und vergessen.

So teilt sich die Klasse in zwei sehr deutliche Teile:
- die Guten, Reichen, Fleißigen,
- und die, die nicht die Möglichkeit haben, mit dem Rest der Klasse Schritt zu halten.

(Juni 1995, 6. Klasse)

Bildbetrachtung

Einsamkeit, Bedrückung, Furcht.

Dieses arme, zerstörte, einsame und resignierte Geschöpf sieht aus, als hätte man es aus der Welt verjagt und in einen schweren Alptraum eingeschlossen, in einen Käfig aus unzerstörbaren Mauern, aus denen man nicht herauskommt: Draußen ist die Finsternis, das Mysterium, das Unbekannte. Drinnen die Verzweiflung, es gibt keinen Ausweg. Er ist eingeschlossen und sein

Bildbetrachtung: „Der liebenswerte Gladiator" (Luca Viviani)

menschliches Dasein wird nach und nach unvermeidlich zerstört, denn meiner Meinung nach ist dieser Mann eingeschlossen in die eigenen Schuldgefühle, und man kann nicht vor sich selbst davonlaufen.

(8. März 1994, 5. Klasse)

Kommentar zu „Der Schwur von Pontida"

von Giovanni Berchet

(Es ist das erste Mal, daß ich einen Literaturaufsatz schreibe)

Giovanni Berchet lebte im 19. Jahrhundert, der Zeit der Unabhängigkeitskriege, deren Protagonisten auf der einen Seite Italien und auf der anderen Österreich waren. Der Verfasser des Gedichtes spricht von der Zeit, in der es in der Mitte des 12. Jahrhunderts in Pontida, in der Lombardei (es ist der Ort, an dem sich noch heute Bossi, Führer der Partei „La Lega Nord", aufhält) zu dem feierlichen Schwur zwischen einigen Städten Norditaliens kam.

So entstand die Lega Lombarda, der Lombardische Bund, dem ganze 36 Städte Norditaliens angehörten, alle entschlossen, gegen Friedrich Barbarossa zu kämpfen, um die Deutschen aus Italien zu vertreiben.

Die Lage ähnelte daher der Zeit, in der der Autor

lebte. Die Tatsache, daß er sich auf ein vorangegangenes historisches Ereignis bezog, war ein Mittel, die Menschen gegen den Feind aufzubringen, ohne direkt von der aktuellen Politik sprechen zu müssen, was zu jener Zeit verboten war.

Nachdem er von dem Schwur erzählt hat, ergreift er selbst das Wort, wobei er weiterhin das patriotische Ziel seines Werkes im Auge behält, und beginnt mit einer langen Reihe entschiedener, überzeugter, sicherer und klarer Sätze, die eine Kraft ausstrahlen, die groß genug ist, ein ganzes Volk entfesseln zu können.

(...) Aus diesen Versen dringt darüberhinaus ein rasender Haß auf den Feind, eine sehr starke Verbundenheit mit dem Vaterland und auch viel Mut.

An einer Stelle des Gedichtes erwähnt Berchet auch die Liebe: Die jungen Mädchen sollen die feigen Schufte zurückweisen und davonjagen.

„Die Freiheit wird der erlangen, der sie begehrt,
doch weist sie einen Weg voller Gefahren:
Sie ist ein Versprechen an den,
der sein Leben dafür einsetzt,
und kein Lohn für den, der nicht um sie kämpft."

Meiner Meinung nach sind das die eindringlichsten und überzeugendsten Verse des ganzen Gedichtes, mit einer sehr tiefen Bedeutung: Diejenigen, die die Freiheit wollen, werden sie erhalten, aber sie werden sie sich verdienen müssen, kämpfen müssen, um sie zu bekommen, für dieses Ziel sogar das Leben aufs Spiel setzen müssen, und das ist nicht leicht: Die Freiheit ist nicht der

Lohn für die, die schwach und erstarrt sind, die sich nicht dafür einsetzen, sie zu erobern, sie ist nicht der Lohn für die, die die Freiheit nur als einen unerreichbaren Traum ansehen.

(16. November 1995, 7. Klasse)

Kommentar zu „Die Jungen der Paulstraße"

von Ferenc Molnár

Das Hauptthema ist der Kampf zwischen zwei Mannschaften von Jungen um die 13-14 Jahre, der „Gruppe der Jungen von der Paulstraße" gegen die „Gruppe der Jungen vom Botanischen Garten". Die gesamte Handlung wird aus der Perspektive der Jungen von der Paulstraße erzählt, die ihren Sitz auf einem kleinen Grundstück haben (das sich eben in der Paulstraße befindet), an dem sie sehr hängen: Sie sehen es geradezu als ihr Vaterland an und würden alles tun, um es zu verteidigen.

Die beiden Mannschaften sind wie eine echte Armee organisiert. In der Gruppe der Jungen von der Paulstraße gibt es nur einen einfachen Soldaten, den kleinen, lieben Erno Nemecsek, der sich, um seine eigene Ehre, seine Armee und sein Vaterland zu verteidigen, ein übles Fieber einhandelt und schließlich stirbt.

Zur Entscheidung im Kampf zwischen den beiden Armeen kommt es in der letzten Schlacht, in der sie die

Rothemden (Gruppe vom Botanischen Garten) besiegen, die von der gegnerischen Mannschaft das Grundstück in der Paulstraße haben wollen.

Die Jungen von der Paulstraße verteidigen sich mit Kraft, Mut und Intelligenz und schaffen es, die Rothemden aus ihrem „Vaterland" zu vertreiben. Das Buch schließt mit dem traurigen Ende des kleinen und mutigen Nemecsek, der aufgrund seiner Tapferkeit den Kapitänsgrad erlangt hatte. Am Begräbnis nehmen alle teil, auch die Rothemden, auch Gereb, der die Jungen von der Paulstraße verraten hatte, und vor allem nimmt ihr mutiger Kapitän Boka am Begräbnis teil, der am Ende herausbekommt, daß auf ihrem Grundstück ein großes Haus gebaut werden soll, das es ganz einnehmen wird.

Kapitän Boka ist ein Junge um die 14, er ist nicht sehr groß, hat ein sanftes und intelligentes Gesicht und eine tiefe Stimme. Er ist ein sehr weiser, schlauer, genügsamer Mensch, und vor allem gerät er nie aus der Ruhe, er ist immer sehr ausgeglichen, er kann sich beherrschen, und deshalb schafft er es immer, sich aus Schwierigkeiten zu befreien. Manchmal mag er etwas hart wirken, aber in Wirklichkeit ist er sehr sensibel, nett, gut und großzügig, genau wie es ein tüchtiger Soldat sein sollte, er verstößt nie gegen die Regeln, er ist immer ehrlich und loyal.

Erno Nemecsek ist klein, schmächtig und zart gebaut, er ist körperlich nicht kräftig, moralisch gesehen dafür schon. Ein Detail, das besonders hervorgehoben wird, ist sein hellblondes Haar. Er ist sehr gut, fügsam, hilfsbereit, er befolgt immer die Befehle der Vorgesetzten, ohne groß Aufhebens zu machen, auch wenn er sich ab und zu schüchtern erlaubt, sich ein wenig über die Ungerechtigkeiten, die ihm widerfahren, zu beklagen. Er ist ein wenig schüchtern, er hat eine sehr schwache Stimme, er ist nicht eitel, er ist weder ehrgeizig noch aggressiv, und ebensowenig aufdringlich. Diese Merkmale führen dazu, daß man ihn als unbedeutend ansieht, so wird er tatsächlich oft zu Unrecht beschuldigt, und vor allem wird er unterschätzt. In Wirklichkeit beweist er dann, daß er ein mutiger und starker Mensch ist, ein wertvoller und intelligenter Soldat, der Feiglinge verachtet, weder die eigene Ehre, noch die des anderen beleidigt, sich Respekt verschaffen kann, sein Gehirn einsetzen kann, der auf wertvolle Weise sein Vaterland verteidigt, er ist ein echter und richtiger Soldat, mit allem, was man braucht, um fast als General angesehen zu werden. In der Tat erweist er sich als bester Soldat, nicht nur in der Armee der Jungen von der Paulstraße, sondern auch der Rothemden: Er gibt sogar sein Leben für das eigene Vaterland und für die Freunde.

(...) Die Figur, der ich am ähnlichsten bin, ist Janos Boka, glaube ich, auch wenn ich nicht finde, daß ich einer der Figuren aus dem Buch besonders ähnele. Die Dinge, die ich und er gemein haben, sind vor allem die beiden folgenden: Das eine ist, daß wir immer eher ruhig sind, nicht den Kopf verlieren, keine Nervenzusammenbrüche haben, uns von schwierigen Situationen nicht leicht entmutigen lassen, und fast immer, wenn auch erst nach einiger Zeit, mit Hilfe unseres Verstandes eine Lösung für das Problem finden. Das zweite ist die Tatsache, daß ich mich so oft in Situationen befinde und am Anfang von irgend etwas stehe, für das ich mich in gewisser Weise verantwortlich fühle. Sehr oft wenden sich Menschen an mich, um mich um Rat zu fragen, oder mich Fälle lösen zu lassen, und ich muß sagen, daß mir diese Aufgabe ganz gut gelingt.

(...) Ich würde gerne dem kleinen Erno Nemecsek ähneln: Ich bewundere ihn zutiefst für seine Geduld, für seine Weisheit, für seinen Mut, für seine Genügsamkeit, für seine Bescheidenheit und vor allem für seine Intelligenz. Vor allem hat mir sein Charakter am Ende des Buches gut gefallen, als er, im Sterben liegend, sich tröstet und sich überzeugt, daß sein Tod ein stolzer Tod ist.

Er verlangt nie etwas von jemandem, es ist ihm hingegen wichtig, ein reines Gewissen zu haben. Auch ich möchte bei manchen Gelegenheiten so vollkommen sein wie der kleine Nemecsek, ich möchte die Kraft haben, mich niemals entmutigen zu lassen und mich zu trösten, wenn es nötig ist, das Leben so anzunehmen, wie es ist.

Ich habe die Sympathie des Autors für den Vater von Nemecsek auf den letzten Seiten des Buches gespürt, als er ihn das erste Mal erwähnt: Er ist Schneider, ein sehr einfacher Mann und ziemlich arm, der es trotz der Unglücksfälle in der Familie, und obwohl sein Sohn im Sterben liegt, schafft, lächelnd und freundlich zu den anderen zu sein, und um die Situation nicht zu verschlimmern, behält er seine Traurigkeit und seinen unendlichen Schmerz für sich, macht seine bescheidene Arbeit weiter und ist weiterhin heiter und hilfsbereit den Kunden und der Familie gegenüber.

Als das Kind im Sterben liegt, zwingt er sich, fröhlich zu bleiben und denkt: „Herr Nemy braucht den Mantel, und ich werde ihn ihm bald, sehr bald nähen, damit er einen schönen Spaziergang am Fluß entlang machen kann, während mein Sohn im Sterben liegt...".

Meiner Meinung nach ist die Botschaft des Buches die: Man muß versuchen, das Leben realistisch zu sehen, mit seinen Vorzügen und seinen Fehlern, und man muß erkennen, daß es nicht immer diese wundervolle Welt ist, die aus Spielen besteht, wie es einem kleinen Jungen erscheinen mag.

Ich glaube, daß es in unserem täglichen Leben, in der Schule, zu Hause, in der Stadt, ganz viele Erno Nemecseks gibt. Es gibt ganz viele kleine Jungen, die auf den ersten Blick schüchtern wirken mögen, etwas dumm, es mag scheinen, daß sie unfähig sind, irgend etwas zu machen, aber in Wirklichkeit, wenn man sie besser kennenlernt, entdeckt man ihre versteckte Seite, man entdeckt, daß es intelligente Menschen sind, fähig, engagiert, und daß sie zahlreiche Qualitäten besitzen.

(Paris, 4. Januar 1996, 7. Klasse)

DRITTER TEIL

GEDICHTE

GEDICHTE

Es ist jetzt Abend

Es ist jetzt Abend.
Wenn ich an den Augenblick zurückdenke, als ich
heute morgen,
als der Himmel hell war,
aus dem Bett
aufgestanden bin,
wird mir klar,
daß eine unendliche Zeit
vergangen ist:
an diesem Tag
habe ich den Lehrerinnen zugehört,
ich habe Hausaufgaben gemacht,
ich habe Klavier gespielt,
aber jetzt
ist alles vorbei,
was gewesen ist, ist gewesen,
es gibt jetzt nichts mehr,
was ich tun müßte.
Jetzt
kann ich mich ausruhen.

(Geheimnisvolles Datum, 6. Klasse)

Sardinien

Und das Meer sang,
Und der Wind
Erzählte Geschichten,
Der Sand öffnete mir
Ein weiches Bett...
... Da wußte ich, was träumen heißt!
Die Sterne beleuchteten mich,
Der Mond beschützte mich,
Der Himmel
befreite meinen Geist...
... Da wußte ich, was träumen heißt!

Aber als Gott mir sagte
„Ich habe dich geschaffen!"
Und das Meer war Meer
Und die Sterne waren Sterne
Und alles war wahr...
... Da wußte ich, was leben heißt!

(Juni 1995)

Wolken

Ihr,
die ihr so weit weg seid,
so unerreichbar
und schön
die ihr so erhaben seid
über die irdischen Dinge,
sagt mir,
was wißt ihr vom Himmel?
Ihr mit euren großen
und geheimnisvollen Schwingen,
könnt ihr vielleicht träumen?
Sagt uns also Lehrmeisterinnen,
wo ist Gott?
Wer ist er?
Und wenn ihr alles kennt
führt uns ins Paradies
in die Wärme
eurer Unendlichkeit.

(5. Juli 1995)

Himmel

In dir
wohnt der Wind.
In dir
wohnen die Träume.
Und du bist so groß,
daß auch die Wolken
sich verlieren
und die Menschen
nicht einmal eintreten können.

(Juli 1995)

Fest

Ich sehe dich an
du siehst mich an
sie sieht uns an
und zusammen machen wir
einen Heidenlärm.
Das Licht blendet uns,
und es ist das Licht, das uns vereint
in einem kleinen
und intensiven Kreis
in dem wir alle
umschlossen sind von vier Holzwänden.

(Juli 1995)

Handicap *) S. 228

*Vielleicht ist es ohne die vier Räder
einfacher.
Es ist einfacher Spaß zu haben.
Es ist einfacher sich zu bewegen,
es ist einfacher
es ist auch einfacher
Jungen zu erobern.
Aber ich glaube,
daß die vier Räder helfen
das ganze
Leben
kennenzulernen
und ihm zu begegnen
und zu siegen.*

(Juli 1995)

Argentiera

Ich bin hinausgegangen.
Endlich
bin ich geflohen
von allem:
der Stadt,
der Schule,
dem Durcheinander.
Ich habe mich auch freigemacht
von der Uhr:
dieser Ort
ist unberührt geblieben
von der Zeit
und von den Menschen,
hier finden Gedanken
sich selbst
denn hier
ist alles so geblieben
wie Gott es erschaffen hat.

(Juli 1995)

Die erste Verliebtheit

Dein Name
verursacht ein Chaos
in mir,
bei uns zu Hause:
„ich sagte doch, daß Lapo..."
und ein Lächeln
erscheint auf allen Gesichtern,
das größte
auf meinem.
Es ist wie ein Spiel
und vielleicht ist es eins!
Und es ist das schönste Spiel
das ich je gelernt habe.

(Juli 1995)

Immer noch zu der ersten Verliebtheit

Nachts träume ich von dir,
am Tage denke ich an dich
manchmal schreibe ich dir
und wenn ich dich sehe...
kann ich nicht beschreiben,
was passiert.
In jedem Augenblick
in dem du mich ansiehst
glaube ich verrückt zu werden:
ich bringe
nichts heraus,
es macht mir Angst
dir in die Augen zu sehen
denn ich denke du könntest merken...
Doch jeden Abend
wiederhole ich aufs Neue:
„Morgen kommen wir zusammen!"
und immer wieder falle ich herein
auf meine Überzeugung,
ich darf es nicht mehr tun!
Aber jetzt ist wieder Abend
und wieder
erlaube ich mir zu träumen:
„morgen werde ich ihm sicher
einen Kuß geben"
haltet sie nicht auf,
meine kindlichen Gedanken

„Die Hoffnung
stirbt immer als letzte!"
und es ist richtig so!

(Juli 1995)

Morgenröte

Da kommt sie,
rosig,
leicht,
ruhig,
mit ihrem langen Mantel
liebkost sie den Himmel
und mit einem leichten Hauch
löscht sie die Sterne aus.
Und jetzt zeigt sie ein Lächeln,
die Sonne sieht sie
und kommt langsam hervor:
lächelt, lächelt, lächelt
und geht fort.

(3. September 1995)

Erinnerungen

Ich erinnere mich
wie ich in den Kindergarten ging;
ich erinnere mich,
wie ich
eine rosa karierte Schürze trug;
ich erinnere mich
wie wir im Kreis saßen
auf dem großen roten Teppich,
wie wir Liedchen
falsch sangen.
Ich erinnere, erinnere, erinnere mich...
aber warum sage ich das?
Weil mir klar wird,
daß ich den gelben Stift
mit dem ich so viele Male
große Sonnen mit krummen Strahlen gemalt habe
auf schmutzigen und bekritzelten Blättern
jetzt benutze
um ein Buch über Kunstgeschichte
zu unterstreichen.

(4. November 1995, 7. Klasse)

Einer echten Freundin gewidmet (Francy) **) S. 228

Ich sah dich letztens an:
„ein patentes Mädchen", sagte ich mir.
Ich dachte eines Nachmittags an dich:
„ein außergewöhnliches Mädchen", wiederholte ich.
Ich träumte in jener Nacht von dir
„ein tolles Mädchen", dachte ich.
Jetzt schreibe ich dir
um dir dies zu erklären:
eine einzige Francesca Arcangeli
im ganzen All.
Eine einzige Francesca Arcangeli
unter den wahren Freunden,
eine einzige Francesca Arcangeli
um Schwierigkeiten zu überwinden.
Eine einzige einzigartige Francesca Arcangeli,
und nicht der Name ist gemeint,
sondern dieses außergewöhnliche Mädchen,
das in dir steckt.
Ja, Francy,
zusammen mit dir
habe ich
mein Spiel gewonnen.

(November 1995, 7. Klasse)

Lapo gewidmet (meiner Liebe)

Vor meinen Augen
liegt das Meer,
vor meinen Augen
liegt die Sonne,
vor meinen Augen
liegt der Himmel,
da fliegt eine Taube
und dann
setzt sie sich auf meinen Arm:
ich sehe sie
und verliere mich in ihrem Blick,
ich berühre sie
und fliege in ihrem Flug.
Du warst diese Taube,
du warst es,
den ich suchte
am Horizont.

(November 1995, 7. Klasse)

Cami gewidmet (My best friend)

Worte reichen nicht,
um von dir zu sprechen,
Gedanken reichen nicht,
Träume reichen nicht.
Es gibt nur
einen kleinen großen Namen:
„Camilla"
an den nicht einmal
das schönste Gedicht
auf dieser Welt
heranreichen könnte.
Nur eine Sache
kommt ihr nahe:
ein ehrlicher Blick
und ein zärtliches Streicheln übers Gesicht.

(November 1995, 7. Klasse)

Gaia gewidmet

Es liegt etwas Besonderes
in deinen Augen
in deinen blonden Haaren
etwas, was mir nur
in deinem Blick begegnet ist.
Es erhebt mich von der Erde
und trägt mich hoch,
immer höher,
so hoch,
daß ich mit einem Finger
den Himmel
berühren kann
um einen Stern
darauf zu zeichnen
und ihn dir zu widmen.
Es ist ein Pfeil im Herzen
aber es ist keine Liebe,
es ist etwas Wundervolles,
das nur du
mir geben konntest.

(November 1995, 7. Klasse)

Claudia gewidmet

Da ist ein Vögelchen,
das fliegt
über mir,
da ist eine Blume, die erblüht,
und eine Welle,
die die Erde tränkt,
und dann bin da ich,
die an dich denkt,
denn
dieses Vögelchen,
diese Blume,
diese Welle
heißen
Claudia.

(November 1995, 7. Klasse)

Für Bea ***) S. 228

Es ist einfach loszufahren
ohne einen Motor:
es reicht, Lust darauf zu haben
und zu wissen wie.
Als mein Motor
im Leerlauf war,
hast du mir
Flügel
wachsen lassen,
vorsichtig vorsichtig,
ohne aufzufallen...
und du hast mich fliegen lassen
vor allem
hast du mich
den Himmel
erreichen lassen
mit einfachen Worten
und ich habe mich aufgeschwungen
höher als zuvor
höher als alle anderen
denn jetzt
hatte ich ihn berührt,
den Himmel des Lebens.

(Dezember 1995, 7. Klasse)

Weihnachten

„Frohe Weihnachten,
frohe Weihnachten..."
Rief laut
mein Herz.
Und in jenem Augenblick
änderte sich die Stimmung:
Hunderttausende Lichter entzündeten sich
in einem einzigen blendenden Schein,
im wilden Rhythmus
Millionen aufgeregter Schritte,
die Gedanken häuften sich in den Köpfen aller
mit Schnelligkeit
und Klarheit,
und die aufgeregten Menschen
tauschten
Geschenke und ein Lächeln aus
und jeder rief
etwas Schönes
jemand anderem zu
und die Herzen schlugen schnell.
Da
plötzlich
hatte sich der Funken
entzündet
der die Freude
explodieren ließ,

das Gefühl,
den Wunsch,
den Wunsch zu verändern,
von vorn zu beginnen,
einander lieb zu haben,
den Wunsch
nach diesem Augenblick,
so lange ersehnt
und endlich gekommen...
und es gab einen,
der in dem Durcheinander
sich erinnerte
an ein Kind
geboren in einem Stall
im Licht
eines Kometen.

(23. Dezember 1995, 7. Klasse)

Ein anderes Weihnachten...

Seit drei Tagen jetzt
wühle ich in meinem Herzen,
und suche...
ich suche mein Weihnachten von immer,
das glückliche Weihnachten
und das aufregende,
das Weihnachten
der Zufriedenheit,
das Weihnachten,
das ich suche und nicht finde...
wo mag ich es hingelegt haben?
Ich habe es
in eine Tüte gesteckt,
die dieses Jahr
nicht geöffnet wird,
denn es fehlt die Schere,
es fehlt
die Bereitschaft in meinem Geist,
und ich habe Lust auszurufen:
„Wartet!
es ist noch nicht soweit,
ich bin nicht bereit!
Gebt mir noch
ein wenig Zeit,
denn ich will nicht
sehen, wie das Fest

schnell entschwindet
aus meinem Blick.
Gebt mir Zeit,
es reicht eine Nacht,
diese Nacht...".

(24. Dezember 1995, 7. Klasse)

Für Francy

Die Tage
vergehen schnell
wie die Wellen im Meer:
sie dauern wenige Sekunden
und dann zerschellen sie
auf den nassen Felsen,
und jeder ist anders
als die anderen
so wie das Heute
anders ist als das Gestern,
anders, als das Morgen.
Jede Welle
ist aus Salzwasser gemacht
und man könnte meinen
sie sei genauso wie die anderen
aber alle
haben etwas Einzigartiges
zu sagen,
zu lehren.
Reise auf deiner Welle
und lausche...
lebe deinen Tag,
sieh nicht in die Zukunft,
sieh nicht hin
wie nahe die Klippe ist,
sondern denke
an deine vergangene Zeit
die so viele Ratschläge
zu geben hat...

Irgendwann,
egal wie weit es ist,
wirst du dich an diese Tage erinnern
und dann wirst du verstehen,
daß du höher aufgestiegen bist.

(28. Dezember 1995, 7. Klasse)

In den Bergen

Auf dem Weg
knirschte das Eis
unter unseren Stiefeln,
unter unseren schweren,
langsamen, rhythmischen Schritten.
Mit meinen Gedanken
war ich bei der Sonne
dieser blassen, eisigen Sonne,
die winterlich glitzerte
und klare Profile
zeichnete
im Glaswald
wo jeder Baum
alt und kahl
sich gen Himmel reckte,
wie die Hand
eines alten
beeindruckenden Pilgers...
doch da war jemand
der sich in dieser Stimmung
nicht kümmerte
um den ewigen Wald
der in der Zeit kristallisiert war,
in seinem Eishandschuh
folgte er nicht
dem langsamen Rhythmus der Schritte:
er hüpfte unsicher
im Schnee,

lachte, lachte...
und machte kleine zarte Wölkchen
aus Dampf
in der eisigen Luft,
verschlang den Himmel
mit seinen großen blauen Augen
und sein junges Leben
war ein Spiel...
es war das
Schneeballspiel!

(31. Dezember 1995, 7. Klasse)

Die Pfütze

Sie ist dort mitten auf der Straße
ganz ganz allein,
ergeben und glücklich
reglos und ruhig...
sie sammelt die letzten Sonnenstrahlen
und damit spielt sie,
es macht ihr Spaß
einen Regenbogen zu basteln
und sie zeigt ihn
den zerstreuten Passanten.
Da erscheint mein Abbild
in dieser Pfütze
sie hat es für mich gemacht
und sie lächelt mir zu,
dann
fällt ein Regentropfen
von oben herab
und mein Gesicht
zerbricht
in hunderttausend kleinen Wellen.

(Januar 1996, 7. Klasse)

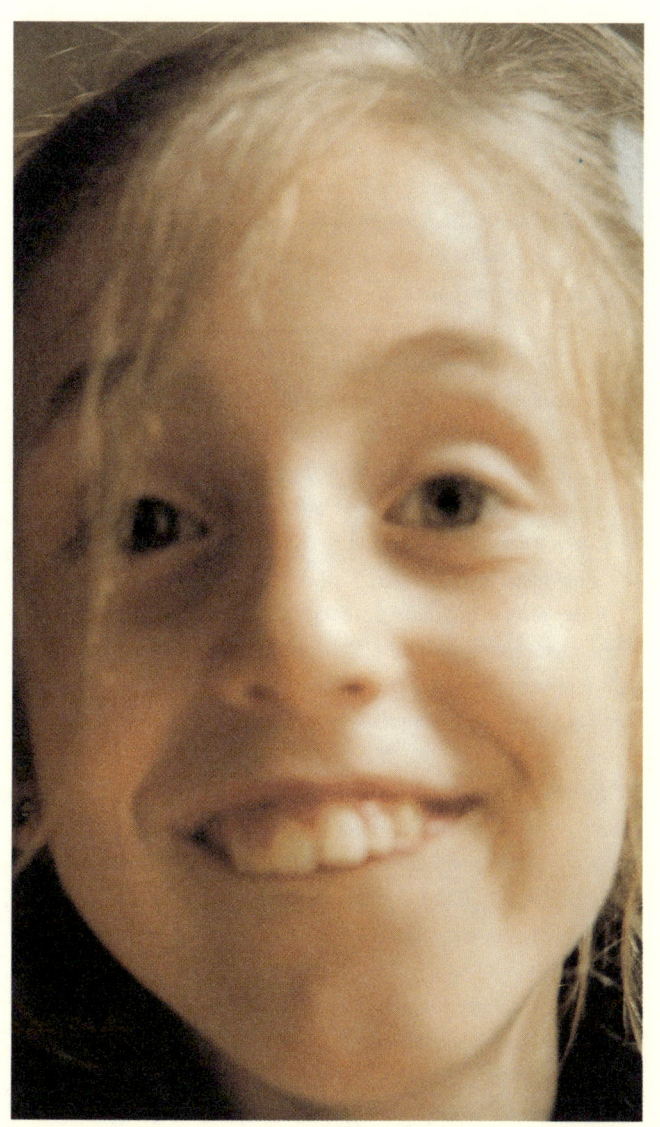

Anmerkungen zu den Gedichten

*) ***Handicap*** *(Seite 204)*

„Handicap" wurde in einer Nacht geschrieben, in der Alice lange geweint hatte, während sie sich mit schmerzlichen Überlegungen auseinandersetzte, sich mit ihren heranwachsenden Freundinnen vergleichen zu müssen, die im Spiel jugendlicher Verführung fröhlich und etwas verschämt zugleich ihre ersten Miniröcke und enganliegenden Blusen anzogen – was Alice nicht konnte. Und dann war da die Angst vor der Zukunft, ob es in ihrem Leben jemals einen Jungen an ihrer Seite geben würde. Plötzlich bat sie um Papier und Stift, schrieb, und schlief schließlich wieder beruhigt ein. Einige Zeit später kam sie zu dem Schluß, daß sie – um in einer wirklich gleichberechtigten Partnerschaft zu leben – einen Jungen bevorzugen würde, der wie sie im Rollstuhl sitzt, die Augen und das Herz auf gleicher Höhe.

) ***Einer echten Freundin gewidmet* *(Seite 212)*

Francesca Arcangeli ist eine Klassenkameradin, die an den Beinen operiert wurde und lange liegen mußte. Mit ihr hat Alice ihre ähnliche Erfahrung noch einmal durchlebt. Siehe auch das Gedicht „Für Francy"

) ***Für Bea *(Seite 217)*

„Bea", Beatrice Ferrante, stand Alice bei und half ihr, als sie nach ihrer Hüftorperation eingegipst liegen mußte. Seitdem hat sie ständig durch ihre Vielseitigkeit überrrascht: Als Schwimmlehrerin hat sie Alice bei den ersten Malen nach der Operation Sicherheit gegeben, sie hat ihr geholfen, Linien, Winkel und Vokabeln in den Griff zu bekommen, oder begleitete sie zu Freunden, wobei sie ihr Arme und Beine lieh, wo immer es nötig war. Immer fröhlich und so einfühlsam, daß sie sich voller Respekt beinahe unsichtbar machte vor Alices persönlichen Beziehungen.

VIERTER TEIL

IHRE GESCHICHTE, IHRE FREUNDE

ALICES LÄCHELN

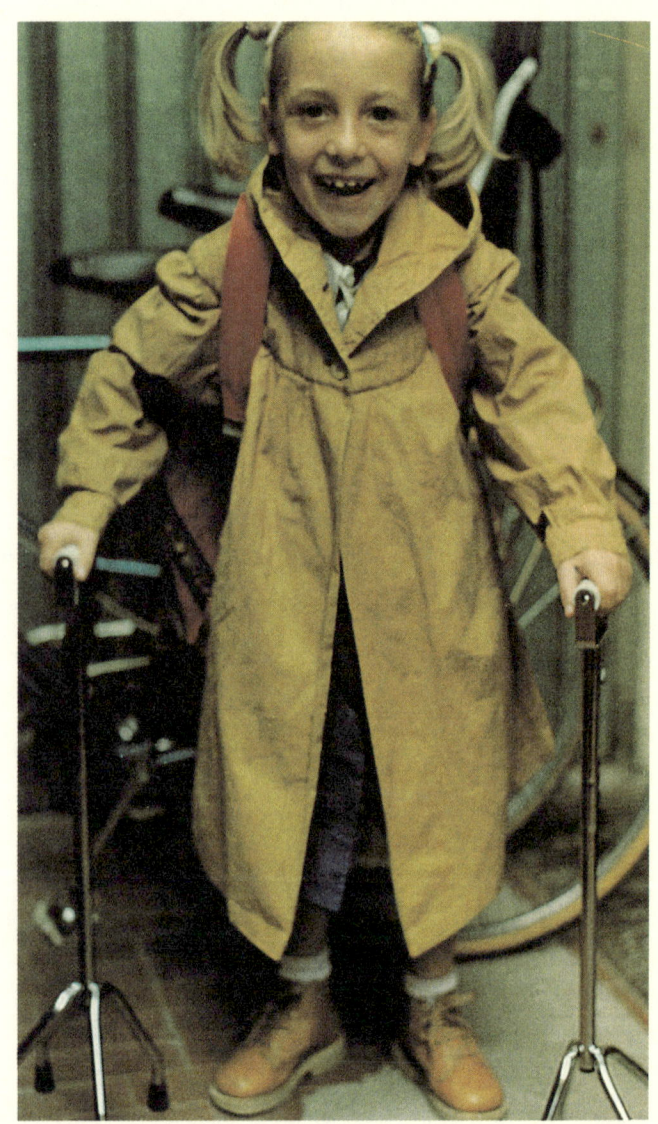

IHRE GESCHICHTE, IHRE FREUNDE

Den ersten Scherz machte Alice, kaum daß sie geboren war, am Morgen des 18. November 1983: Sie bewegte ein Ärmchen nicht. Noch im Kreißsaal sprang die Mutter, Marta, auf und stellte sich zu ihren Arztkollegen: Sie hatte eine gewisse Besorgnis wahrgenommen. Es dauerte einige Stunden, bis Alice jenen Arm hob, wie um allen „ciao" zu sagen, und ihn beim Saugen auf die Brust ihrer Mama legte. Sie hatte ihren ersten Schabernack getrieben und ihr erstes Mißgeschick lächelnd überwunden. Sie war schon ganz sie selbst.

Zehn Monate später dagegen war es kein Scherz. Da begannen die Symptome dessen, was im Laufe einiger furchtbarer Monate als Spinale Muskelatrophie diagnostiziert wurde, eine genetisch bedingte und fortschreitende Krankheit, die ihre motorischen Fähigkeiten beeinträchtigte.

Doch einmal klassifiziert, schaffte Alice es erneut, das Urteil der Pessimisten zu widerlegen. Die Krankheit hätte sie am Stehen und Gehen hindern sollen. Es gelang ihr jedoch mit der Hilfe von zwei ebenso hartnäckigen wie liebevollen Physiotherapeutinnen, Graziana Manni und Fabrizia Ori, zunächst kurz zu stehen und dann auch – gestützt auf vierfüßige Krücken – einige Schritte zu machen, ebenso wie Dreirad zu fahren. Mit diesen Hilfsmitteln ausgerüstet hat sie die Grundschule in Angriff genommen, unterstützt von einigen Lehrerinnen, die ihr bei den motorischen Aktivitäten halfen: Sie haben es sogar geschafft, sie als Feenkönigin die Bühne betreten zu lassen (unter dem wundervollen Kleid hatten wir eine Art Gehreif mit Rädern angebracht, der sie stützte und ihr erlaubte, sich an der Hand der Feen zu bewegen).

Dann die Grundschuljahre: Die motorischen Fähigkeiten blieben immer weiter hinter den intellektuellen zurück, und das begünstigte eine größere, mit weniger Mühe verbundene Bestätigung für Alice.

Alice lächelte der Herausforderung entgegen, kämpfte ihre Schlacht, begegnete den Zweifeln und den Frustrationen mit einigen wenigen Tränen (das fehlte noch) und mit großem Mut, heiter und bewußt. Sie hat es immer so gemacht.

Wer sie kennenlernte, der blieb von ihr beeindruckt. Das war eines der Dinge, die Alice so unentbehrlich machten. In ihr spiegelte sich eine Größe wider, die unsere eigenen Maßstäbe relativierte, die Last unserer Probleme, den Sinn des Lebens und die Freude, es zu leben.

Mit acht Jahren ist sie auf ihren Wunsch hin den Pfadfindern beigetreten. Sie hatte Eltern, Onkel und Tanten und Freunde davon reden hören. Es fehlte nicht an Ratlosigkeit und Bestürzung: Wanderungen, Abenteuer und Bewegungsspiele sind wesentlicher Bestandteil der Erziehungsmethode der Pfadfinder.

Doch wieder einmal behielt sie recht. Vielleicht, weil – wie einer ihrer Leiter sagte – sie es war, die Lösungen aufzeigte und in den Köpfen der anderen das Schwierige ins Machbare umwandelte. Nach und nach wurde es auch für die Gruppenleiter zur Gewißheit, daß Alice auf ihre Weise an allen Aktivitäten teilnehmen würde. Es war eine wesentliche Erfahrung wechselseitigen Wachsens, wie man in ihren Texten über die Pfadfinder (*Jagd, Sippenferien, Eine Nacht mit der Sippe, Ab heute folge ich neuen Fährten*) und in den Botschaften, die sie von ihnen erhalten hat, lesen kann.

Im Sommer '93 bekam sie die Freiheit und die Freude geschenkt, sich selbständig in einem kleinen elektrischen dreirädrigen Scooter bewegen zu können. Der erste Besuch im Supermarkt kam einem Begeisterungsausbruch gleich, der mehrere Stunden dauerte. Wir konnten uns nicht mehr losreißen. Die wunderbare Entdeckung setzte sich im Urlaub auf Sardinien fort: Zum ersten Mal konnte sie alleine mit ihren Freunden in die Bar des Dorfes gehen, oder nachts über die Mole bis ans Meer fahren, um die Sterne zu betrachten. Und schließlich im Pfadfinderlager, wo sie nun Wölflings-Rugby und Fußball spielen konnte (mit dem Scooter gab sie einen hervorragenden Torwart ab).

Auch die fünfte Grundschulklasse fiel ihr leichter. Und so konnte sie ihre Klasse in Bologna beim Kongreß des World Wildlife Fund (WWF) zum Thema „Kinder und Stadt" mit einem Beitrag über das Problem architektonischer Hindernisse vertreten, mit Freunden nach Loppiano fahren oder sie auf einen Ausflug zum Monte Ceceri begleiten (die Steigungen bewältigte der Scooter bestens).

In der Mittelschule, wohin keiner der Freunde aus den acht Jahren Kindergarten und Grundschule (die „mythische 5B") mit wechselte, traf sie dagegen all ihre

Freunde aus Sardinien wieder (die „Argentiera-Truppe").

Sie und ihre Freunde waren so gut eingespielt und inzwischen so selbständig, daß sie nicht mehr auf eine Lehrerin angewiesen waren, die Alice in körperlicher Hinsicht helfen mußte. Ihre Freunde kümmerten sich um alles. Und bei Freunden war Alice immer sehr beliebt. Sie hatte die natürliche Gabe, Heiterkeit und Glück auf andere zu übertragen. Der Beweis findet sich in den Botschaften und den Freundschaftsbekundungen, die sie zu ihren Lebzeiten erhalten hat, und auch nach ihrem Tod. Es erschien uns richtig, sie in diesem Buch zusammenzutragen, denn sie erzählen ihre Geschichte.

Es ist die Geschichte eines Mädchens, das ihre zwölf Jahre intensiv gelebt hat, mit der Fähigkeit, auf kreative Weise zu reifen, ohne unter den eigenen Grenzen zu leiden, sondern sie vielmehr in Gelegenheiten umzuwandeln, an denen sie wachsen konnte. Nicht jeder von uns schafft das.

Alice war verliebt in das Leben: die Menschen, den Himmel, die Berge, die Städte, die es zu entdecken gab, die Schule, die Musik (sie spielte Klavier) und die Poesie. Sie hat es sogar geschafft, Ski zu fahren, worauf sie zu Recht stolz war. Sicher, von Papa gestützt, und ohne sich hinsichtlich ihrer Grenzen etwas vorzumachen, doch glücklich nahm sie an, was sie aus der Hilfe der anderen gewinnen konnte.

Diese Leichtigkeit, mit der sie ihr Leben annahm, war eine weitere außerordentliche Gabe. Beim Lesen eines Briefes an einen befreundeten Missionar haben wir uns an eine bezeichnende Begebenheit erinnert. Nachdem sie gehört hatte, wie ein Mönch das Leid und den Schmerz als einzigen Weg aufzeigte, zu Jesus zu gelangen, fragte Alice treuherzig: „Dann kann ich das Evangelium nicht bis auf den Grund leben". Wir sahen sie verwundert an: „Warum?". „Weil ich bisher nicht gelitten habe, ich bin vom Glück begünstigt." Verblüfft und gerührt haben wir sie daran erinnert, daß im Rollstuhl zu fahren, sich Operationen zu unterziehen, in Wirklichkeit doch einige Probleme und einiges Leid mit sich bringe. Alice erwiderte: „Nein, daran habe ich nicht gedacht. Ich dachte an meine Eltern, daß beide gesund sind, daß ihr nicht getrennt lebt wie die von A. und S., die traurig sind. Wir haben ein schönes Zuhause..., ja, wir haben eben kein solches Leid".

An körperlichem Leid hingegen fehlte es nicht. Wegen der schweren Wirbelsäulenverkrümmung mußte sie immer ein Korsett tragen, an das sie sich gewöhnte wie an ein treues Körperteil, ein Korsett, das mit den Jahren aber immer höher geworden war und sie immer mehr einschränkte. Sie mußte vier chirurgische Eingriffe über sich ergehen lassen, wovon der letzte, 1995 wegen einer Hüftauskugelung, besonders kompliziert, schwer und schmerzhaft war. Inzwischen fühlte sie sich nur noch im Rollstuhl wohl, und auch die Benutzung ihres kleinen elektrischen Scooters, mit dem sie soviel Weg zurückgelegt hatte, bereitete ihr Mühe.

Nach einer schlimmen Bronchitis – die so schwer „wegzuhusten" ist für jemanden, dessen Brustmuskeln durch das Eingeschlossensein in ein enges Plastikkorsett geschwächt sind, ist Alice am Morgen des 20. Februar 1996 plötzlich fortgegangen, in der Schule, während sie über den Witz eines Klassenkameraden lachte. Sie hat ihre Freunde um Hilfe gebeten, aber einen Augenblick später war sie schon „geheimnisvoll ins Paradies entschwunden, von ihrem Arbeitsplatz aus, wie ein Held in der Schlacht", wie eine in Klausur lebende Nonne geschrieben hat. Sie hat niemals aufgehört, das Leben anzulächeln. Nicht einmal danach.

Und die Freunde, aus deren Mitte sie „entschwunden" ist, schrieben am selben Tag:

Ciao Ali,
es fällt schwer es zu glauben, ohne dich ist alles anders, du wirst uns fehlen, ja du fehlst uns jetzt schon, uns fehlt deine gute Laune, deine Hoffnung, die riesengroße Freude und die Heiterkeit, die du uns immer geschenkt hast. Mit dir ist ein Teil von uns gegangen, der unersetzlich bleiben wird, weil niemand deine Stelle einnehmen kann: du bist immer etwas Besonderes gewesen!

Einen Riesenkuß,
deine Klasse

Als Touristin in Paris

Oma Laura erinnert sich so an sie:

... Und du lachtest das Leben an

November '85. Im Wohnzimmer rollten wir langsam über den Teppich, und du versuchtest, dich mit deinen zerbrechlichen dünnen Beinchen abzudrücken, mühevoll, aber voller Freude. Eins... zwei, und du lachtest das Leben an.

Mai '88. Auf der Piazza d'Azeglio versuchtest du, auf deinem Fahrrad zu fahren, angestrengt, bemüht. Eins... zwei, und du lachtest das Leben an.

August '90. Am Ciampac haben wir Edelweiß gepflückt, die du mitgenommen hast; der Wind ließ dich frieren, die Kufen*) deines Rollstuhls ließen dich schwanken, aber wir spielten trotzdem, und du lachtest das Leben an.

Dezember '94. Auf dem Radweg traf ich dich mit deinem Scooter, du fuhrst vorsichtig, aber sicher, mit geneigtem Kopf, schwankend und angestrengt... aber du lachtest das Leben an.

März '95. In der Klinik in Reggio Emilia nahmst du, blaß und wehrlos wie nie zuvor, fröhlich mein Geschenk

---

*) Auf steilen Gebirgspfaden wurde Alices Rollstuhl auch an Seilen gezogen..

entgegen, eine kleine Dose mit der Aufschrift: „Ich tu so, als wenn nichts wär" und mit einem Lächeln dachtest du an deinen Lieblingsfreund*). Du hattest schmächtige Handgelenke... aber du lachtest das Leben an.

Widmung für eine Spargelzange
als Geschenk
für einen (weiteren) Nicht-Geburtstag:

Ich kenne ein Mädchen,
doch es ist eine Frau, die ein Mädchen ist,
sie kann laufen und fliegen mit ihren Gedanken,
die im Inneren lesen
und erinnern.

(...) mollige Händchen,
zart wie Katzenpfötchen,
blaue Augen wie das Meer und der Himmel,
und die Wiedergeburt antiker Mythen,
die auf wunderbare Weise
Realität, Wünsche und Gedanken mischen:
Artemis und der Mond,
Aktäon und die Hunde,
das schwarze Pferd und das weiße Pferd:

---

*) Als Alice die Dose öffnete, fand sie darin ein Püppchen, das einen Zettel in der Hand hielt: „Ich hab dich lieb".

die schöne Erinnerung an eine Schule,
die Mühe in Freude an der Wahrheit verwandelt.

Süße Ali,
lerne weiter
mit den Gedanken zu laufen,
über die Wiesen der Wahrheit,
die Freude und Schönheit bedeutet.
Es wird dir nicht gehen wie Aktäon,
denn die Wahrheit ist nicht neidisch,
sie ist ein Brunnen, geboren um zu geben.
Dir sind die Felder geöffnet, das Meer, die Sonne,
Männer und Frauen,
der schwierige Weg von Gott-Frieden:
du kennst die Freude –
schwierige Ernte anstrengender Monate,
wie das Brot, das Öl, der Wein, die Kinder.
Du hast Flügel um zu fliegen:
flieg!

In unermeßlicher Zuneigung
von einem komischen Priester namens Paolo

(November 1991)

Botschaften von Klassenkameraden aus der Grundschule im Februar 1993, während einer langen Grippe:

Liebe Alice,

du fehlst mir sehr, versuche bald gesund zu werden, damit du zu uns zurückkommen und mit uns spielen kannst, und wir alle glücklich sind. Ich will dir ganz, ganz viel erzählen. Auch wenn ich dich nicht sehe, du bist immer in meinem Herzen.

Phuong

Alice, weißt du, daß ich mir die Haare geschnitten habe? Ich habe sie mir so machen lassen wie die von den Marines, die man im Fernsehen sieht.

Wie war das Zeugnis? Meins war ganz gut: Ich zeige in allen Fächern Interesse.

Uns fehlt deine erfrischende und aufrichtige Art.

Eine große Umarmung, dein Niccolò

Liebe Alice,
deine Witze fehlen mir (...)

Valeria

Alice,
(...) komm in die Schule zurück, die Klasse ist ohne dich wie eine leere Klasse.

Andrea

Botschaften während des Krankenhausaufenthaltes nach der Hüftoperation im März 1995:

Alice,
ich hoffe, du bist glücklich.
Ohne dich
gibt es die Klasse nicht.
Wir warten hier alle.
Alice, mach uns keine Sorgen mehr.

Alles Gute, Boby

Ciao Ali,
hier fehlt ein Haufen Leute, aber die, deren Fehlen
wir am meisten fühlen, bist du. Ich hoffe, es geht dir gut,
und daß du keine weiteren Operationen haben wirst.

Ale

Liebe Freundin, ich schreib dir,
um zu fragen,wie es dir geht,
ich habe gerade die Grammatikaufgaben gemacht,
was meinst du, was kriege ich dafür?
Du fehlst mir so sehr,
beschließe, gesund zu werden
sonst schaffe ich es nicht.

Seit du operiert worden bist,
gibt es eine große Neuigkeit,
ich bin dabei eine Holzmühle zu basteln,
zusammen mit Saverio, der aber nichts dran tut.

Aber wir wissen, daß nach Ostern
das liebste und netteste Mädchen
in die Klasse zurückkehren wird,
das es unter allen Menschen gibt.

Alles Liebe Boby
P.S.: Aus einem Lied von Lucio Dalla,
ich hoffe, du hast es gemerkt

Liebe Alice,
ohne dich ist es hier wie auf einem Begräbnis, könntest du dich beeilen, zurückzukommen?! Hey, paß auf dich auf, ich hab dich lieb.

Francy

Im Erdkundeunterricht wollte ich dir einen Witz erzählen, aber du warst nicht da. Auch als die Schule aus war, habe ich dich nicht nach draußen gebracht und bin traurig geworden. ALI, DU FEHLST UNS! Sieh zu, daß du bald wiederkommst. Die Lücke ist nicht zu füllen.

Cami*)

---

*) Camilla (Cami) hat ihr während der ganzen Zeit auf der Mittelschule nach dem Unterricht die Schultasche gepackt und sie nach draußen begleitet, von wo aus eine Gruppe Freunde sie in einem lärmenden Pulk über die Fahrradwege florentinisher Straßen nach Hause brachte.

Ali ist wie Medizin für mich: wenn ich sie sehe, verschwinden meine Schmerzen und Sorgen.

Wenn sich Sympathie, Weisheit, Größe, Schlauheit und Ironie in Grashalmen messen ließen, dann wärst du für mich der Central Park (der von New York).

Ali ist wie Wasser für mich: vier Tage ohne sie, und mein Körper trocknet aus, und ich werde traurig, lustlos, und ich versiege.

Ali ist wie Luft für mich: ohne sie atme ich nicht, und meine Lungen verengen sich, und ich verfalle beinahe in Starre.

by Cami

Am Tage des San Francesco bei den Pfadfindern:

Jeder nennt die Gaben, die ein „perfekter Priester" haben sollte, wobei sie zugleich den eigenen Freunden zugeordnet werden sollen. Alice wird am häufigsten genannt:

Am Tage des San Francesco
bei den Pfadfindern:

Jeder nennt die Gaben, die ein „perfekter Priester" haben sollte,
wobei sie zugleich den eigenen Freunden zugeordnet werden sollen.
Alice wird am häufigsten genannt:

„Er ist bereit, alles so zu tragen wie Alice"*)
„Er hat genauso viel Lebensfreude wie Alice"
„Er hat genauso viel Lust zu spielen wie Alice"
„Er kann Glück mit einem Lächeln schenken wie
Alice"
„Er hat einen Willen wie Alice"
„Er hat eine Sanftheit wie Alice"
„Er ist genauso offen wie Alice"

(14. Juni 1994)

---

*) Alice hatte einen wunderbaren Allzweck-Korb am Lenker ihres
Scooters befestigt, der so vollgeladen wurde, daß sie hinter einem
Haufen Mützen, Feldflaschen und Windjacken verschwand, die ihre
Freunde dort ablegten.

Botschaft an Alice, die am Tag der Erneuerung des Pfadfinder-Versprechens in der Gruppe geschrieben wurde:

Wir wetten, daß, wenn alle Menschen Probleme so angehen würden, wie du sie angehst, dies der schönste Planet im Universum wäre.

Willkommen in unserem Kreis, liebe Alice. Wir werden einen weiten Weg gemeinsam zurücklegen, und wie wir alle hoffen, mit deinem Lächeln. WIR HOFFEN!

Wir bitten dich, bring allen so viel Freude wie du uns bringst, das ist sehr wichtig. Danke.

Giulia, Elena, Silvy, Vale, Federica,
Pfadfindergruppe Firenze IX

(Januar 1996)

Hommage eines befreundeten Journalisten:

Süßeste Prinzessin, Alice aus dem Blühenden Garten von Cantamaggio, ich übersende Ihnen mit Freude drei vierblättrige Kleeblätter, die von 12 Zwergen vom hohen Casato del Casentino gepflückt wurden; es sind Blätter von der Glückspflanze, die zu Füßen der Rosen der Liebe gewachsen sind, dort oben an der Verna des seligen Francesco. Die Kleeblätter sind Zeichen der tiefen Ergebenheit, die das Kleine Volk für Sie empfindet, für Ihre höchst liebenswerte Person, o Prinzessin, die Narzissen verzaubert.

Eine Verbeugung und ein kleines Augenzwinkern (verzeihen Sie die Vertraulichkeit, Prinzessin)

Ihr Alfredo, Zwerg aus Boscomare

Briefe aus Australien von ihrer Freundin Phuong:

(...) Ich habe von dir geträumt, Ale, von Valentina, mir und noch jemandem, daß wir Cricket spielten und sehr, wirklich sehr viele Zuschauer hatten. Ach, wenn diese Nacht doch Samstag oder Sonntag und nicht Tuesday gewesen wäre! dann hätte ich länger mit euch spielen können! (auch wenn es keine Wirklichkeit ist).

(30. Mai '94)

(...) Wie gern ich dich wiedersehen möchte...!
Frohe Weihnachten und ein gutes Neues Jahr von deiner besten Freundin

(13. Dezember 1994)

(...) Don't forget you are and you always will be MY ONLY REAL BEST FRIEND.

Love from Phuong

(4. September 1995)

Botschaften nach dem 20. Februar 1996

Von der „Wölflingsmeute" (Kinder von 8 bis 11 Jahren) aus der Pfadfindergruppe Firenze IX, am 20. März 1996:

Alice,

du hast uns in jedem schwierigen Augenblick unseres Pfadfinderlebens geholfen; du hast immer dein Bestes getan, sei es bei ernsten Dingen, sei es in vergnügten Momenten, und mit deiner harmonischen Stimme hast du im letzten Jahr Freude und Heiterkeit in unsere Gruppe gebracht.

Wir erinnern uns in jedem Augenblick unseres Lebens an dein liebes Lächeln, und deshalb wollten wir in dieser Messe an dich denken, um dir ein besonderes Danke zu sagen: Danke, Alice, denn jetzt, da wir dich kennengelernt haben, haben auch wir gelernt, den Widrigkeiten des Lebens zuzulächeln.

Liebe Alice,

in der Zeit, in der wir mit dir zusammen waren, haben wir neue Dinge gelernt, zum Beispiel das Glück, das du in jede Sache legtest, die du machtest. Und auch wenn wir ein Problem hatten, war uns deine Gegenwart immer nahe.

Liebe Alice,

es ist jetzt einen Monat her, daß du uns verlassen hast, und wir sind sicher, eigentlich ganz sicher, daß es dir in diesem Augenblick gut geht und du glücklich bist. Mit dem Rudel hast du vier höchst lebendige Jahre verbracht, die du so gut wie möglich mit Fairneß und Freude zu leben gewußt hast, und daher bewundern wir dich und erinnern uns an dich als echte Pfadfinderin. Gute Jagd, Ali!

Alice,
du hast, als du weggingst, eine riesige Leere in uns entstehen lassen. Dein Wille, beim Rudel dabeizusein und dein Enthusiasmus fehlen uns sehr. Aber vor allem fehlst du uns. Wir werden dich immer als eine große Freundin, als jemand, der uns immer geholfen hat, in Erinnerung behalten.
Alice, ein kleiner großer Schatz.

Liebe Ali,
ich bewundere dich, weil du das Leben so gut wie möglich zu leben wußtest, wobei du die besten Seiten bemerktest, die tollen und schönen, die es uns bietet, und uns gelehrt hast, sie zu sehen. Dein Gesicht strahlte und lächelte immer, denn in deinem Herzen herrschte immer Freude.
Ich schreibe dir auch, um dir für all das zu danken, was du mir beigebracht hast, und für die wichtigsten Werte des Lebens, auf die du mich aufmerksam gemacht hast.
Danke, Ali.

Livia

Ciao Alice,

wie Schneeflocken, die stetig fallen, wie der Wind, der Hoffnung heranbläst, wie die Blumen, die ans Licht glauben, auch wenn Nacht herrscht, so hast du mit deiner Güte, deinem Lebenswillen, deiner Kraft unsere Herzen mit einem fröhlichen und strahlenden Licht erleuchtet.

Liebe Ali, du hattest eine Mission zu erfüllen: unsere Herzen auszumalen. Du hättest sie in schwarz ausmalen können, doch das hast du nicht getan, du hast die schönste Farbe gewählt, die der Hoffnung, der Freude und der Freundschaft. Auch dafür danken wir dir! DANKE!

Die Wölfe der Meute „Salda Rupe"
Pfadfindergruppe Firenze 9°

Ein besonders glücklicher Augenblick

Ich wachte auf, dieser zarte und feuchte weiße Mantel bedeckte die Hügel und Bäume.

„Schnee, der du so langsam fällst, kannst du mir sagen, wie es Alice geht?", fragte ich den Schnee mit meinem Gedanken, und der Schnee antwortete mir, als wäre er wirklich menschlich: „Dein Herz und deine Freude werden dir antworten können".

Unterdessen summten die leisen Flocken ein unbeschwertes Gedicht von Alice.

Als der Schnee die grünen Triebe berührte, erschienen am Horizont das Glück und die Sicherheit meiner

Freundin. Noch heute erinnere ich mich an jenen Augenblick, in dem die Nacht schneller kam und finstere Tränen fielen, ohne mich je zu beruhigen.

Seltsame Schattengestalten tanzten um mich herum und wiederholten:

„Alice ist tot, deine Freundin ist nicht mehr da...“

Und ich, aufgeregt und unsicher, übergoß mein Herz mit „schwarzem Wasser“.

Dann gewann ich die Oberhand: Es war an einem Nachmittag, als ich erfuhr, daß am Abend, bevor es anfing zu schneien, die Eltern von Alice ihr Gedicht über den Schnee lasen, und als es zu schneien begann, sahen sie, wie sich ein weißer Kauz auf den Baum ihres kleinen Gartens setzte, um die Eltern meiner Freundin anzusehen.

Sie wußten, daß das eine Botschaft ihrer Tochter war.

Bei der Beerdigung gab es einen Moment, in dem sich ein stärkeres Licht auf Alices Sarg legte, und jeder konnte es sehen.

Ein drittes Zeichen hat uns begreifen lassen, daß es diesem kleinen zarten Vögelchen gutgeht: Einer unserer Freunde von den Pfadfindern hat einen seltsamen Regenbogen bemerkt, während er im Auto saß; „ein gewöhnlicher Regenbogen entstand am Himmel, und darunter erhob sich ein kleinerer, doch in klareren, fröhlicheren Farben“.

Für den, der Phantasie hat und an das Glück glaubt, sind diese zarten, leisen Zeichen Botschaften von Alice, das ist meine Meinung.

In der Tat habe ich im Augenblick dieses glücklichen Erzählens Alices Nähe sehr viel stärker gespürt, in meinem weiten Herzen haben goldfarbene Gärten zu wachsen begonnen.

Unterdessen rannte ich, rannte in meinen Erinnerungen und Gedanken: „Bald ist Frühling!" sagte ich zu mir selbst, „es kommt die Zeit der Blumen und der bestickten Felder, des zarten Rauhreifs, und des Erblühens der Freude...". So voller Phantasie ist die Welt, und hellere Farben spiegeln sich in meinen Augen.

Schwärmen... und... mit dem Geist und den Gedanken schwärmen, dort oben ankommen, oben in den goldbestickten Feldern mit silbernen Spitzen. Dies ist das Glück, das die goldenen Lippen träumender Kinder bedeckt.

Wenn jemand an die Traurigkeit der Farben denkt, wird er nie zu ewigem Glück gelangen.

Meiner Meinung nach ist das so. Es reicht, ein rosafarbenes, weißes, gold- oder silberfarbenes Laken zu nehmen, eines aus Perlen oder Zweigen, sich nachts mit diesem Laken zuzudecken... Meiner Meinung nach ist das so... und so ist der Lauf der Welt, hoch und runter, zwischen Traurigkeit und Glück.

Elena

Liebe Alice,
du fehlst mir so, ich weiß, daß du dort oben gesund geworden bist und es dir besser geht. Ich verspreche dir, daß ich versuchen werde, nicht mehr zu weinen.

Giulia (8 Jahre)

Liebe Alice,

jetzt, da wir uns nicht mehr ins Gesicht sehen können, können wir uns durch viele Dinge hindurch unterhalten.

Weißt du, Ali, bei deinem Begräbnis hatte ich die
ganze Zeit das Gefühl, als würdest du vom Himmel aus
immer mich ansehen (...) Denke immer daran, daß mein
Herz in viele Stücke geteilt ist, und in einem Stück bist
du.

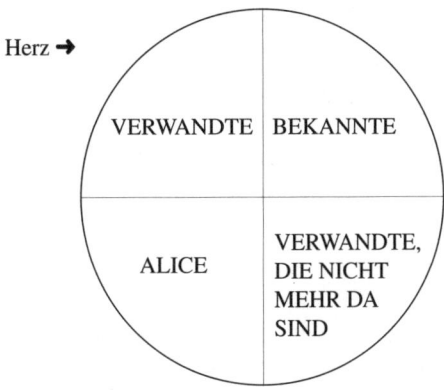

Lucia N.

Viele Klassenkameraden lachen mich für meine stän-
dige Dichterei aus, aber Alice sagte immer, daß Poesie
eine spontane Gabe des Geistes sei, und wir es ohne uns
zu schämen niederschreiben sollen.

In meinen Gedichten fliegt sie oft durch eine Welt,
die sicher besser ist als dieses Chaos, das Leben genannt
wird, oder sie ist Gott, Gott... jener Daseinstraum, der

über allem steht, und das war sie für mich. Sie fehlt mir so sehr!

Mir fehlt dieses unnachahmliche Lächeln und ihr lieber Blick, der immer verzieh.

Francesca A.

———————

Alice wird in meinem Herzen immer lebendig bleiben, ich werde mich an ihren Mut erinnern und daran, wie sie mich gelehrt hat, in allen Dingen das Beste zu erkennen.

Rubina
(Freundin aus dem Kindergarten)

———————

(...) Seit Monaten wollte ich Alice gestehen, daß ich mehr als nur einmal an sie gedacht habe, wenn ich mich an einen der Sommerabende in Argentiera erinnerte. An ihre großen sanften und neugierigen Augen, an die mutige Entschlossenheit, die sie in ihren Lebenswillen und ihre Lebensfreude legte.

Ich hätte Alice gesagt, daß sie mich erobert hat. Mit der reifen Kunst, die nur wenige Frauen besitzen. Nämlich die, sich großzügig zu öffnen, durch ihre Gedanken die Aufmerksamkeit auf sich zu ziehen, wobei sie ihren eigenen Körper in die Rolle eines begleitenden Umrisses verbannte. Alice hatte gelernt, zwei Personen zugleich zu sein und den schwächeren Teil von sich so zu behandeln, wie eine ältere Schwester ein etwas dümmliches Brüderchen behandelt. Mit Zuneigung und Ironie, ohne Phrasendrescherei und Heuchelei. Sie war wunderbar, wie sie diese durch wer weiß wie viele Opfer erlangte Unabhängigkeit vor sich hertrug. Oft habe ich als Vater auch darüber nachgedacht, daß ihr hinter diesem Charakter standet. Ihr habt aus Alice ein stolzes Mädchen mit hocherhobenem Kopf gemacht. Die Aufgabe muß furchtbar schön und anstrengend gewesen sein. Laßt jetzt nicht zu, daß sich alles auflöst. Daß die Spannung nachläßt. Alice täte das sehr leid. Und auch den Freunden, die euch sehr schätzen und euch liebhaben für das, was ihr ihr gegeben habt, und für das, was ihr von ihr in euch tragt.

Riccardo

(...) Ich denke, daß heute viele Nichtgläubige wie ich in der Kirche sind, um Alice zu verabschieden.

Ich glaube nicht an Gott, aber ich glaube an die Menschen, die so groß sein können wie eure Alice und wie ihr, die ihr verstanden habt, ihr zu helfen, das zu sein, was Alice für jeden ist, der das Glück gehabt hat, sie kennenzulernen und zusammen mit ihr auch nur wenige Tage zu verbringen, wie es mir passiert ist.

Roberta

(...) Manchmal bin ich euch in der Trattoria begegnet, und mir ist bei euch allen die Fröhlichkeit einer Familie aufgefallen, die glücklich ist, so vereint zu sein. Und bei Alice vor allem ihr lebhafter und an allem interessierter Blick. Ihre Heiterkeit, die unausweichlich anstecken mußte.

Rossella

(...) Es brauchte nicht viel, um Alice liebzugewinnen, und zwar nicht, weil sie einen Rollstuhl hatte, sondern weil sie eine Feinfühligkeit und ein Herz besaß, die so groß waren, daß sie jeden beeindruckten. Auch mein Freund sieht sie deutlich vor sich, obwohl er sie nur einen einzigen Tag lang gesehen hat! (...)

Alice konnte nicht gehen, aber sie verfügte über eine Feinfühligkeit, eine Intelligenz und eine Reife, die beneidenswert sind, seltene Vorzüge und Eigenschaften, (...) sie machte all das, was jedes Mädchen macht.

All das war in ihren Augen zu lesen, die stets wach, aufmerksam und neugierig waren. Freudig. (...) und ich hoffe, daß Ihr nach und nach das weiterführen könnt, was Alice tat und uns alle lehrte: das Leben zu lieben.

Paola

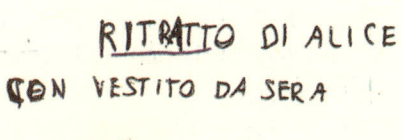

RITRATTO DI ALICE
CON VESTITO DA SERA

..... E L'ALICE
VOLTEGGIO'
FRA LE NUVOLE
DA QUANTO ERA
BELLA

È DAVVERO
BELLA È !!

ALICE = BELLA
ADDORMENTATA

Ein Portrait, das Rubina in der Grundschule gemalt hat

(...) So klein sie war, sie drückte durch ihre geheimnisvolle Zerbrechlichkeit etwas Großes, Reifes und Starkes aus, das verzauberte und sie in die Herzen einprägte, so daß man sie nie mehr vergessen könnte.

Schwester Teresa Margherita

(...) Alices außergewöhnliche Kraft und ihre tiefe Feinfühligkeit sind ein Licht, das sich jenseits und über alles Leid erhebt. Da ich glaube, daß wir alle sie weiter anhören sollten, wäre ich euch sehr dankbar, wenn wir demnächst einen ihrer Gedanken, eines ihrer zarten Gedichte bekommen könnten, damit sie uns weiter erleuchten und unsere Herzen erwärmen.

Nerina

(...) Wir gingen an einem leuchtenden Abend, der den Frühling ankündigte, am Arno-Ufer spazieren. „Alice, inspiriert dich dieser schöne Sonnenuntergang nicht zu einem Gedicht? Willst du eins für mich schreiben?" Sie antwortete bereitwillig: „Ja, Oma, wenn du ein Stück Papier und einen Stift hast, ich weiß schon, was ich sagen will". Ich gab ihr den Zettel mit der Einkaufsliste, auf dem ich heute erneut lese: *„An dem milden Himmel, als am Abend die Sonne untergeht ..."*

Es war der 20. Februar '91, sie war sieben Jahre alt und hatte nur noch genau fünf vor sich.

Der Himmel hat sie immer angezogen, sie liebte die Sterne, sie lauschte verzaubert Großvaters Erzählungen, einem Hobby-Astronomen, neugierig auf alles, das Teleskop, das Planetarium, das Nino ihr gebaut hatte. Jetzt wird der Himmel keine Geheimnisse mehr für sie bergen.

Oma Armanda

(...) Der Tag, den ich mit euch in Argentiera verbracht habe, war nicht nur schön und fröhlich, sondern er hat mich auch sehr zum Nachdenken gebracht: Alice hat mich durch ihre Heiterkeit sehr berührt, mit ihrer scharfsinnigen Art, die Welt zu betrachten, mit der Tiefe ihrer Gefühle. Am Mittwoch in der Kirche meinte ich zu fühlen, daß Alice Dinge verstanden hatte, die ich mit meinen über sechzig Jahren noch Mühe habe zu glauben.

Mimma N.

Während der Feier betrat eine Frau die Kirche und fragte mich, wem das „Fest" galt. Ohne etwas zu wissen, hat sie den Geist erspürt, mit dem Alice gelebt hatte, trotz und mit ihren „Beschwerden".
Für das Leben von Alice, danke!

Anna Maria

Es war eine wundervolle Zeremonie, es hätte keine schönere Art erdacht werden können, Alice zu begleiten, mit allen Freunden, allen, einer riesigen Menge, die das Ausmaß dessen andeutete, was Alice war, was sie ist, und was sie immer sein wird. Worte sind banal, aber heute klingt alles unpassend, jede einzelne Sache scheint mir anmaßend.

Carla

(...) Ich begegnete eurem Sternchen zusammen mit ihren Schulkameraden oft auf dem Radweg. In meinem Herzen schickte ich ihr ein Küßchen und dachte, daß sie ein wundervolles Mädchen sei und voller Mut.

Vanna

(...) Danke, „gute Jagd", Ali, die du mich hast so viele Dinge verstehen lassen, die ich, der ich Erzieher hätte sein sollen, in zehntausend Jahren nicht zu verstehen vermocht hätte. Danke und „gute Jagd" auch euch, Marta und Leo, für so viele Dinge, aber vor allem dafür, daß ich sie durch euch kennengelernt habe.

Giulio (Pfadfinderleiter)

(...) Ihre Perspektive einer Sitzenden wird allen dienen, die sie in ihrem Leben getroffen haben, das so kurz, doch so erfüllt war.

Lucia Br.

(...) Ich habe so viel, so viel an dich und deine wundervolle Kleine gedacht, so wie sie von allen beschrieben wurde; ich kannte sie nicht, doch in Wirklichkeit habe ich sie auf diese Weise dennoch kennengelernt. Sie ist ein außergewöhnliches Licht, das für immer in allen leuchten wird als Vorbild, Lehre, Ermutigung, und somit als Leben.

Mimma C.

Zeugnis ihres geistlichen Vaters

Mit Alice konnte man wie „unter Erwachsenen" reden. Ich kann mich an einen Abend erinnern: Sie schleuderte mir den Mythos von Aktäon entgegen, der ihr von den hervorragenden Lehrerinnen in der Grundschule vorgestellt worden war, und ich entgegnete ihr mit der Version, die Sartre davon gibt, um über die menschliche Erkenntnis zu sprechen. Warum das?

„Nicht derjenige, der die meisten Jahre zählt, hat am längsten gelebt, sondern der, der das Leben am stärksten gelebt hat" schreibt Rousseau; aber sein *Emile*)* verweilt in einem Zustand immerwährender Zerbrechlichkeit.

Alice hingegen, umgeben von intelligenter Liebe, hat die Gabe gehabt, das Leid in Energie umzuwandeln: ein Zeichen dafür ist die Tatsache, daß sie sich nicht isoliert hat, sondern ein kleines „Internet" geworden ist: Von wievielen unbekannten Menschen hat sie uns erzählt!

Deswegen ziehe ich Rousseau die Bibel vor, an der Stelle, an der es heißt: „Wer früh zur Vollendung reifte, hat lange Zeiten ausgefüllt" (Weisheit 4, 13).

In der Tat konnte dieses Mädchen – abgesehen von einer großen kulturellen Fähigkeit – die Gruppen anregen, in denen sie lebte.

Wenn sie nach Camaldoli kam, erlebte sie die strenge klösterliche Liturgie und drang in die starken Worte ein, die sie hörte. Alice hat den Glauben nicht äußerlich gelebt, als einen notwendigen Weg: In ihr war der Glaube Handlung und Spannung des Daseins. Nicht eine furchteinflößende Spannung (wenn auch auf ernsthafte Weise erlebt), sondern Spannung als Bewegung, die das Leben einbezieht, Handlung, in der sich der Entwurf des Menschen ordnet. Davon zeugt ein Satz in einem ihrer Briefe: „ich achte darauf, mit dem Herrn zu wandern".

Dieser Satz zeigt meiner Meinung nach die Fähigkeit zur Ironie im Glauben (die Sympathie ist äußerste An-

---

*) Emile ist die Hauptfigur eines berühmten Romans von Rousseau, in dem er seine Ansichten über die Erziehung und den Menschen in Erzählform verpackt hat.

teilnahme, gelebt von einem freudigen, also groß-
zügigen Herzen).

Dieser paradoxe Satz ist eine Parabel, die uns etwas
ans Licht bringt: Alice konnte sowohl Passivität als auch
Aktivität verherrlichen (etwas, was jedem von uns gegeben ist): Sie, körperlich unbeweglich, „wandert" in den
unendlichen Weiten Gottes, wo jeder Mann und jede
Frau ihre eigene Unendlichkeit erfahren können.

Mit der Kenntnis dieses Geheimnisses von Alice er-
schließt sich uns zugleich auch eine der Quellen ihrer
Kraft und ihrer von Reife zeugenden Kreativität (sind
Dankbarkeit und Großherzigkeit vielleicht keine Zeichen für persönliche Integration?)

Deswegen war sie und bleibt sie eine große, liebliche
Lehrerin auf dem Wege zu Gott.

Don Paolo,
aus der Einsiedelei von Camaldoli

ALICES LÄCHELN

(...) und ich denke an Alices Lächeln, dem ich nur einmal begegnet bin, das sich jedoch in mein Herz eingeprägt hat.

Franca

Ich würde gerne so wie du den Schwierigkeiten des Lebens entgegenlächeln!

Deine Freundin Francesca P.

Liebe Alice, uns werden dein Lächeln und deine sanfte Musik so sehr fehlen

David und Andrea (Musikfreunde)

Für Alices Lächeln.

Laura und Paolo

(...) Es vergeht kein Tag, ohne daß man an sie denkt, mit so viel Wehmut bei dem Gedanken, ihr Lächeln nicht mehr wiederzusehen, und nicht mehr ihre Herzensgüte genießen zu können, ihre Zerbrechlichkeit, die sie jedoch innerlich so stark machte und so offen anderen gegenüber. (...)

Alice hatte immer für alle ein Lächeln bereit, sanfte Augen und ein großes Herz, für das sie so geliebt und so geschätzt wurde.

Es ist wirklich wahr, daß wir sie nie vergessen werden, und auch unsere Kinder sollten sie nicht vergessen: Meine Freude wird riesengroß sein an dem Tag, an dem ich in ihren Augen dasselbe Licht sehen werde, das in Alices Augen leuchtete, denselben sanften und aufrichtigen Ausdruck.

Maddalena
(von der „Ferientruppe")

———

(...) Wir verlieren alle einen Teil von uns, ich werde Alices Lächeln zusammen mit den guten Dingen unserer gemeinsamen Jahre bewahren.

Claudio

———

(...) Ich habe an die Male zurückgedacht, als ich sie gesehen habe... es waren vier, ich kann mich bestens daran erinnern. Das erste Mal, als du sie ins Rathaus mitgebracht hast. Sie war wunderschön, und auf ihrem Gesicht und in ihrem Lächeln erschien auch diese innere Schönheit, dieses Licht, von dem ich später hörte.

(...) Wenn ich an ihr Gesicht zurückdenke, denke ich an ein ganz besonderes Licht, kein starkes oder blendendes, sondern ein helles und mildes Licht.

(...) Im Vorraum des Odeon-Kinos erwiderte sie mein „Ciao" mit ihrer anrührenden und lächelnden Sanftheit.

(...) Ich habe von ihren Gedichten gehört, ich hoffe, die Gelegenheit zu bekommen, sie zu lesen: Auch wenn durch ihren Blick, mit dem sie auf einen Gruß – auch einer Fremden wie mir – antwortete, alles schon geschrieben und gegeben (im wahrsten Sinne „geschenkt") worden ist.

Francesca M.

Liebe Ali, auch wenn ich keine Gelegenheit hatte, dich wirklich gut kennenzulernen, hat sich mir dein Lächeln eingeprägt, das einen auch von weitem immer erreichte. Dies ist für mich eine enorme Gabe, und es ist nicht leicht, sie bei allen mit dieser Spontaneität zu finden.

Jetzt grüße ich dich, Ali, und weiß, daß ich von dort oben, wo immer du auch sein magst, immer dein

Lächeln sehe, das mir bei Schwierigkeiten hilft, denn ich weiß, daß du jetzt heiter und frei bist.

Ich werde dich niemals vergessen.

Marta (Kaa) *)

(...) Auch wenn die Zeit unsere Freundschaft gelockert hat, so hatte ich nie das Lächeln der kleinen Alice vergessen, die mir zusammen mit dir und Leonardo das neue Haus zeigte, das noch eingerichtet werden mußte.

(...) Ihr wart phantastisch, so sehr, daß ihr in den Herzen vieler einen Platz gefunden habt, auch derer, die euch kaum kannten, und euren Schmerz streiften, der zur Leidenschaft für das Leben wurde.

Ich wünsche mir nur, daß euch etwas Zuneigung erreicht und das Wissen um den gewaltigen Schmerz, der uns und die Welt überraschend traf.

Vania

---

*) Die kleinen Pfadfinder heißen „Wölflinge", und ihre Leiter, wie Marta, erhalten in der „Sippe" den Namen anderer Figuren, wie etwa „Kaa" aus dem Dschungelbuch von Rudyard Kipling:
Es ist der phantasievolle Hintergrund für das Abenteuer des Heranwachsens.

(...) Ich wollte euch nur sagen, daß ihr großartig seid, daß ihr zusammen mit eurer Tochter mich gänzlich in Aufruhr versetzt habt.

Es ist mir noch nie gelungen, bei einer Beerdigung zu lachen, aber dieses Engelchen sah mich weiter an und lachte...

Ich glaube nicht, daß ich es jemals vergessen werde, und dieses Lächeln wird mich stets vorantreiben. Bei dem wenigen, was ich anbieten kann, wird Alice immer bei mir sein, und zusammen werden wir versuchen, die Welt zu ändern.

Danke an euch und tausend Dank dem Herrn dafür, daß ich einen seiner liebsten Engel kennengelernt habe.

Martino

(...) Leider hatte ich nicht viel Gelegenheit, Alice näher kennenzulernen, aber für das, was sie mir hinterlassen hat, kann ich mich wirklich glücklich schätzen – glücklich, einige Male ihrem einzigartigen, sonnigen Lächeln begegnet zu sein und diesem so sanften und tiefen... warmen Blick. Eben bei diesen Augen und deren Lächeln, die ich fast immer im Vorübergehen sah, könnt ihr euch, glaube ich, wirklich vorstellen, wieviel ich bekommen und gelernt habe. Sie haben es geschafft, mir eine unglaubliche Reihe von Gefühlen und eine so einzigartige Lebenslektion zu vermitteln, daß ich mir nicht einmal vorstellen kann, wieviel sie für all die Menschen getan haben mag, die sie immer geliebt und umgeben haben.

(...) Martino hat mehrmals zu mir gesagt: „Da gibt es nichts zu weinen, sondern man muß jetzt anfangen zu lachen...". Vielleicht ist es wahr, es ist schwer, aber es ist wahr.

Chiara